헤르만 헤세, 봄

Frühling by Hermann Hesse/Ulrike Anders(compiler)

All rights reserved by the proprietor throughout the world in the case of brief quotation embodied in critical articles or reviews.

Korean Translation Copyright © 2017 by Mindcube Publishing Co., Seoul.
Copyright © 2010 by Insel Verlag Berlin.
All rights reserved by and controlled through Insel Verlag Berlin.

This Korean editions is published by arrangement with Suhrkamp Verlag, Berlin through Bestun Korea Literary Agency Co., Seoul.

이 책의 한국어판 저작권은 베스툰코리아 출판에이전시를 통해 저작권사와의 독점계약으로 마인드큐브 출판사에 있습니다. 저작권법에 의해 한국 내에서 보호를 받는 저작물이므로 무단 전재와 복제를 금합니다.

"모든 시작에는 마법이 살고 있다.
우리를 지켜주는 마법,
우리가 살아가도록 도와주는 마법이."

일러두기
이 번역서의 원문 중 산문들은 제목이 따로 없어서 역자가 내용을 고려하여 임의로 제목을 달았습니다.

Hermann Hesse

헤르만 헤세, 봄

헤르만 헤세 지음 / 두행숙 옮김

Frühling

추천의 말

계절별 컬렉션으로 새롭게 읽는
헤세의 아름다움

정여울 / 작가, 『헤세로 가는 길』 저자

헤세가 꽃 피우는 봄의 언어들은 다사롭고 향긋하며 그윽하다. 그의 싱그러운 언어를 통해 '봄'은 원래의 봄보다 더 눈부시고 조화롭게 다시 태어난다. 그는 "우리가 몹시 아름다운 이른 봄을 맞고 있다"면서, 그 아름다운 봄이 다른 예술가들처럼 세계의 역사 앞에 자신을 표현할 기회를 얻지 못하는 것이 유감이라고 너스레를 떤다. 그에게 봄은 단지 계절이 아니라 자연이 빚은 최고의 예술품이며, 인간이 경의를 표할 수밖에 없는 생명의 신비를 펼쳐내는 시간의 춤이다. 그는 밀레나 고흐의 '씨 뿌리는 사람'처럼 다만 경건하게 수확을 기다리는 농부의 마음으로, 봄이라는 시간의 씨앗을 그의 산문 곳곳에 뿌려놓는다.

헤세에게 시인이란 "어쩌면 내일 파괴될지도 모를 세계 안에서" "자신의 말들을 열심히 주워 모았다가 골라내는" 숙명을 피하지 않는 자들이었다. 꽃들이나 벌들이나 나무들이나 개미들처럼, 자기 안의 아름다움과 부지런함을 아낌없이 세상 밖으로 내놓으며 자연과 소통하는 존재. 그것이 헤세에게는 시인다운 시인이었다. 그는 평생 베를린이나 뮌헨 같은 대도시로 와서 살라는 지인들의 권유를 뿌리치고, 한적한 시골생활을 즐겼다. 가끔씩 낭독회나 강연을 위해 도시로 떠날 때도 있었지만, 그때마다 도시의 북적거림과 메마른 인심에 염증을 느꼈다. 그는 소설 속에서는 처절한 내면의 고투를 체험하는 파란만장한 인간군상을 그렸지만, 시나 산문에서는 자연을 있는 그대로 즐기고 예찬하는 소박한 삶을 예찬하는 모습을 자주 보여준다. 어쩌면 소설을 쓸 때 느끼는 엄청난 긴장감과 스트레스를 산문이나 시, 그림 그리기를 통해 부드럽게 이완시켰는지도 모른다. 그는 아들 마르틴에게 보내는 편지에서 아름다운 꽃들에 대한 감탄을 이렇게 표현해내고 있다. "어쩌면 내일 독가스로 뒤덮일지도 모를 세계 안에서 그것들은 조심스럽게 이파리와 꽃받침들을, 매끈하거나 톱니 모양의 꽃잎들을 네다섯 개 또는 일곱 개씩, 모두 제대로, 가능하면 아름답게 피워가고 있다."

그는 겨울을 이겨내고 봄을 피워내는 자연의 마력을 속속들이 이해했다. 그것은 자신에게 다가온 모든 고통을 담담히 받아들이고 인생의 다음 행로를 향해 뚜벅뚜벅 걸어가는 헤세 자신의 마력이기도 했다. 그는 봄의 마력을 이렇게 예찬했다. "마음은 삶의 온갖 부름에/ 이별을 고하고 새로이 시작할 준비를 해야 한다,/ 용기를 지니고 슬퍼하지 않으면서/ 또 다른 새로운 묶임 속으로 들어가기 위해서./ 그리고 모든 시작에는 우리가 살아가도록/ 보호하고 도와주는 마력이 깃들어 있다." 지금까지 견뎌왔던 모든 아픔을 딛고, 또 다시 새로운 생명의 순환 속으로 진입하는 것. 그것이 헤세의 봄이다. 겨울을 '작년의 것'으로 만들고 봄을 '올해의 것'으로 만들며, 어떤 일이 있어도 어김없이 '새해'를 잉태하는 우주의 신비 앞에서 헤세는 매번 어린아이처럼 기뻐했다. 그는 뼛속 깊은 방랑자였으며, 정착할 때조차도 언제든 떠날 준비가 되어 있는 영혼의 보헤미안이었다. 그는 생각의 관성에 빠지고, 매너리즘에 젖고, 집착과 소유에 물드는 삶을 경계했다. "익숙해지자마자 무기력해질 위험이 있다/ 불쑥 떠나 먼 길을 갈 준비가 되어 있는 자만이/ 무감각해진 습관에서 벗어난다." 그리하여 그는 지나간 시간과 영원히 결별하는 것을 두려워하지 않았다. "어쩌면 죽음의 시간이 우리를 또/ 새로운 공간을 향해 젊은 모습으로 나아가게 해줄지 모르니,/ 삶이 우리를 부르는 일은 결코 끝나지 않으리라……/ 그러니 자, 마음이여, 작별을 고하고 건강하여라!" 겨울의 죽음을 통해 탄생하는 봄의 신비, 그것은 죽음에 굴하지 않고 삶을 피워내는 생명의 기적이며, 결별의 고통에도 불구하고 매번 새롭게 다시 사랑을 시작하는 꺼지지 않는 열정의 불꽃이기도 했다.

그는 긴 여행을 마치고 다시 산과 호수가 펼쳐진 시골 마을로 돌아올 때마다 "마치 추방되었다가 집으로 돌아온 것 같은, 마침내 다시 산속의 제 자리로 다시 돌아온 것 같은 느낌"을 받는다. 멀리 루가노 호수가 보이고, 알프스 산맥이 병풍처럼 펼쳐진 스위스의 시골 마을 몬타뇰라에서 그는 안식을 찾았다. 그는 사람들이 만든 인공적인 물건들조차도 마치 바위나 나무, 이끼처럼 그저 그렇게 자연스레 생겨난 것처럼 보이는 산골 마을의 농가를 사랑했다. "포도원 담장, 집 그리고 지붕, 그 모든 것들은 똑같은 갈색 편마암으로 만들어져 있어서 모두가 서로 다정하게 잘 어울린다. 어떤 것도 낯설거나 적대적이거나 폭력적으로 보이지 않고 모든 것이 친숙하고 쾌활하고 이웃 같아 보인다." 헤세는 삭막한 도시의 생존경쟁 속에서 지칠 대로 지친 현대인에게 이렇게 속삭인다. "그대가 원하는 어디든 가서 앉아 보아라. 담장 위든, 바위 위든, 나무 둥치 위든, 잔디 위나 땅 위든. 어디에나 그림과 시가 그대를 감싸고 있다. 도처에 그대를 감싸고 있는 세계는 아름답고 행복하게 조화를 이룬다." 이 삭막한 도시 안에서도 헤세가 그린 풍요로운 봄여름가을겨울의 기록을 함께 할 수 있다면 이곳이 바로 지극한 '21세기의 월든'이 아닐까. 헤세와 함께라면, 세계는 비로소 갈등과 반목을 잠시나마 멈추고, 다가오는 봄여름가을겨울을 빠짐없이 예찬하느라 바쁜, 너그러운 시인의 미소로 가득하게 될 것이다.

〈봄〉

봄

Frühling

이른 봄

따스한 남풍*이 밤마다 포효하고,
그 축축한 날개는 무겁게 펄럭인다.
도요새들이 공중으로 비틀거리며 날아간다.
이제는 더 이상 아무것도 잠들지 못하고,
지금 온 땅이 깨어났다.
봄이 부르고 있다.

가만히 있어라, 가만히 있어라, 내 마음아!
비록 핏속에서 비좁고 힘겹게
격정이 솟구치며
너를 옛 길로 인도하더라도 —
젊음을 향해서
더 이상 너의 길은 가지 않으니.

---

* 남풍 : 독일어로는 '푄(Föhn)'이라고 부르는 이 바람은 원래 '서풍'이라는 뜻의 라틴어 'favonivs'에서 유래하는데, 서남쪽 지중해에서 부는 바람이 북쪽 알프스 산맥을 넘어 북쪽으로 불면서 헤세가 머물고 있던 스위스와 남부 독일 지역에 영향을 많이 주었나. 헤세는 그의 시집에서 이 바람에 대해 자유 묘사하고 있다.

절망으로부터 깨어남

괴로운 취기에서
문득 깨어나, 나는
눈물을 흘리고 떨면서 새로워진 세상을 본다.
벌써 숲가에는 향기로운 여름의 향기가 풍긴다 —
아, 초록의 광택으로 가득한 밤이여, 너 별빛 하늘이여,
얼마나 간절하게 너희는 내 마음을 채워주는가!
친구들이여, 너희는 아직도 살아 있느냐?
포도주여, 너는 여전히 따뜻하냐?
아직도 너는 내 것이냐, 오랫동안 공허함만 보였고
오직 눈물을 통해서 그리고 멀리서
바뀌어 가는 것만 보여준 황홀한 세상이여?
또 다시 옛날의 윤무가 시작되고,
감미로운 여름의 매력은 죽은 자를
다시 한 번 되살아나게 할 것인가?
아직도 영혼은 기적을 믿지 않고,
아직도 여름과 숲은 다시 나의 것이 아니다.
그러나 더 성스럽고 더 밝게 별들은 빛나고,

나는 침묵한 채 귀를 기울이니, 너희 세상의 소리는
나에게 운명의 노래를 준엄하게 들려주고,
내 마음은 겁에 질려서 메아리친다.

한 해의 기쁨인 꽃

한 해의 기쁨 중 하나인 처음 피는 꽃들이 이제 또 다시 모습을 드러냈습니다! 그 모든 것들은 얼마나 빨리 지나가버리는지요! 생명은 너무나 짧습니다! 나는 또 다시 찰흙을 손에 쥐고 내 형상에 따라 사람들의 형상을 만들어내려고 몹시 벼르고 있지만 아직은 무르익지 않았습니다.

(『헤르만 보드머에게 보낸 편지』 중에서, 1921년경)

새 봄

폭풍이 얼마나 위력적으로, 위력적으로
저 위의 언덕을 돌아 거칠게 휘몰아치는가,
마치 겨울밤을 잠에서 난폭하게 깨우려는 듯이.
그리고 숲속을 바람이 격렬하게 뚫고 지나갈 때
소나무들은 구부러진다.
그러나 폭풍 소리 속에서
밝은 봄의 소리 같은 것이 울린다.
진정 내게는 그렇게 울린다. 그렇게 내게는 소슬거리니,
언제나 그렇게 불어와도 좋다.
봄이 모습을 드러내려면,
먼저 얼음이 사라져야 한다.
기뻐해라, 내 사랑아. 겨울이 비껴가고,
봄이 다가오면서
우리 두 사람, 너와 나를,
그 화려함으로 에워싸려 한다.
그리고 우리에게 그의 꽃들을 흩뿌리고
다정하게 우리를 바라보려 한다.

그리고 그 파아란 눈빛을 또
우리의 행복을 위해 보내려 한다.

내가 열 네 살쯤 되었을 때

　내가 열 네 살쯤 되었을 때, 이른 봄인 이월이나 삼월 쯤의 일이었다. 어느 날 오후에 한 학우가 나에게 함께 외출을 하자고 불렀다. 딱총나무 둥치를 잘라다가 작은 물방앗간의 물레방아를 만드는데 물을 흐르게 하는 관으로 만들자는 것이었다. 그래서 우리는 밖에 나갔다. 그 날은 특히 멋진 날이거나 아니면 내 기분에 그런 날이었음이 분명하다. 그 날은 내 기억에 남아 있으며, 나에게 작은 경험을 하나 갖게 해 주었기 때문이다. 땅은 축축했지만 눈은 없었고, 물줄기가 흐르는 냇가는 벌써 아주 푸르렀다. 헐벗었던 숲에는 새 순이 돋아나 있었고 막 피기 시작한 버들가지에는 벌써 옅은 색이 감돌고 있었다. 공기 중에는 생기와 모순의 냄새가 함께 가득 퍼져 있었다. 축축한 땅의 향기와 썩는 나뭇잎과 어린 식물의 싹의 냄새였다. 비록 아직 제비꽃은 피지 않았지만, 매 순간 그것이 막 피어나는 냄새가 나는 것 같이 기대되었다. 우리는 딱총나무가 있는 곳으로 다가갔다. 거기에는 아주 조그마한 눈이 싹트고 있었지만 아직 잎은 없었다. 내가 가지를 하나 잘라내자 달콤하면서도 씁쓰레한 냄새가 강하게 풍겼다. 그 냄새 속에는 다른 모든 봄의 냄새들이 모여 배로 불어난 것 같았다. 나는 그 냄새에 정신이 몽롱해지는 듯 했다. 나는 내 칼 냄새를 맡아 보고, 내 손의 냄새와 딱총나무 가지의 냄새를 맡아보았다. 가지에서 나온 진액은 아주 강하고 매혹적인 향기를 풍겼다. 우리는 아무 말도 하지는 않았지만 내 친구도 오랫동안 생각에 잠겨 그 수관 냄새를 맡고 있었다. 그 향기는 그에게도 뭔가 말을 걸고 있었던 것이다.

어떤 체험이든 그 나름대로 매력을 지니고 있다. 여기서 내 체험은 다가오는 봄이 축축하게 찰싹찰싹 소리를 내는 풀밭을 걸어가면서 땅과 새싹들에서 풍기는 강한 향기를 기분 좋게 느낄 때, 딱총나무 향기가 가장 강렬해지면서 감각적인 비유로 또 하나의 매혹으로 응집되어 상승해지는 데 있었다. 비록 이 작은 체험이 나 혼자만의 것으로 남을지라도 아마 나는 이 냄새를 결코 잊지 못할 것이다. 오히려 나는 그 냄새를 의식적으로 체험했기 때문에, 아마 앞으로 내가 나이 들어서 이 냄새를 다시 만날 때마다 늘 그 처음 맡았던 때의 기억을 되살려 줄 것이다. 그런데, 나는 또 하나의 체험을 겪었다. 그 당시 나는 내 피아노 선생님 집에서 오래된 악보를 한 권 발견하

〈봄의 산〉

고 거기에 강하게 마음이 끌렸다. 그것은 프란츠 슈베르트의 가곡집이었다. 언젠가 오랫동안 그 선생님을 기다려야 했는데, 그때 그 악보를 넘겨 본 적이 있었다. 그리고 내가 부탁을 하자 선생님은 며칠 간 그 악보를 내게 빌려 주었다. 나는 틈만 나면 발견의 기쁨에 몹시 충만해져서 지냈다. 그때까지만 해도 나는 슈베르트에 대해 아는 것이 전혀 없었는데, 이때 아주 매료된 것이다. 그리고 그 딱총나무를 베던 날인가 그 며칠 후에 슈베르트의 봄 노래인 '부드러운 대기는 잠에서 깨어나'*를 찾아냈다. 피아노 반주의 첫 화음은 나를 사로잡았다. 그 화음은 바로 그 어린 딱총나무가 풍겼던 것과 같은 향기와 똑같이 씁쓰레하고 달콤하고 강하면서도 억제한 듯한, 이른 봄으로 가득한 듯한 향기를 풍겼다! 그 때부터 나에게 이른 봄을 연상시키는 딱총나무의 향기와 슈베르트의 화음은 절대적으로 확고하고 타당한 것이 되었다. 그 화음이 울릴 때면 곧바로 무조건 그 아릿한 식물의 내음을 다시 맡게 되는 것이다. 그리고 그 둘 다 모두 '이른 봄'으로 불린다.

(『유리알 유희』 중에서, 1943년)

---

* 이것은 오스트리아의 작곡가 프란츠 슈베르트(Franz Schubert)의 곡 〈봄의 신앙 (Frühlingsglaube)〉이에 나오는 가사 중 일부이다.

봄

(1899년)

어두운 구덩이 속에서
나는 오랫동안 꿈꾸었다,
너의 나무들과 파란 공기를,
너의 향기와 새소리를.

이제 너는 열려
찬란하고 우아하게
빛으로 넘쳐흘러
마치 기적처럼 내 앞에 펼쳐져 있다.
너는 나를 다시 알아보고,
너는 나를 부드럽게 유혹한다.
내 온몸을 전율하며 관통한다,
너의 축복 받은 현재 모습이.

봄의 밤

밤나무 속에서 바람이
잠이 덜 깬 듯 기지개를 켜고,
뾰족 지붕에서는
어스름과 달빛이 흘러내린다.

모든 우물들에서는 서늘하게
뒤얽힌 소리들이 좔좔 소리 내고,
의자 위에는
열 시를 알리는 시계 종소리가
엄숙하게 울리려 준비하고 있다.

정원에서 달빛에 반짝이는 나무들이
아무도 엿보는 이 없이 잠들어 있고,
둥그런 수관(樹冠)으로 깊숙이
아름다운 꿈들의 숨결이 소슬거리며 지나간다.

머뭇거리며 나는 켜다 만

온기가 남은 바이올린을 손에서 내려놓고,
멀리 푸른 빛깔의 땅을 망연히 바라보며
꿈꾸고, 동경하고, 그리고 침묵한다.

유년 시절에 나는

　유년 시절에 나는 남풍이 무서웠고 심지어 그것을 싫어하기까지 했다. 그러나 소년의 거친 성격이 자라면서 나는 반항적인 것, 영원히 젊은 것, 대담하게 싸우면서 봄을 불러오는 그 바람이 좋아졌다. 그 바람은 활기 넘치고 충만함과 희망으로 가득 차 있어 거친 싸움을 시작하고, 윙윙거리면서 협곡 사이를 급격히 빠져나가면서 몰아치고 웃고 한숨을 지었다. 그러면서 산 위에 내린 눈을 먹어 치우듯 쓸어가고 오래 된 질긴 소나무들을 거칠게 쓸어 휘게 하고 한숨을 내 쉬게 하는 모습이 너무나 장엄했다. 훗날 나의 애정은 더 깊어졌고 이제 남풍을 만날 때면 너무나 감미롭고 아름답고 풍요로운 남쪽을 향해 반기듯이 인사했다. 거기에서는 언제나 기쁨과 따스함과 아름다움이 넘쳐흐르는 강물이 다시 용솟음치며 산을 타고 지나 갈라져 흩어지다가 마침내 평평하고 차가운 북쪽으로 가면 지쳐서 시들어지고 만다. 부드러운 남풍의 열기처럼 신기하고 대단한 것은 없다. 남풍이 부는 시기가 되면 그것은 산악지대에 사는 사람들과 특히 여자들을 엄습해서 잠을 빼앗고 온몸의 감각을 쓰다듬듯이 매혹시킨다. 수줍고 빈한한 북쪽의 품속에 뛰어 들어 몰아치듯 격렬하게 부딪치고, 눈 덮인 알프스 마을들에게 이제부터는 벨쉬란트* 지역 인근의 자주 빛 호수에 다시 앵초와 수선화 그리고 편도나무 가지들이 피어나리라는 것을 알려준다.

그런 다음에 남풍이 잦아들고 마지막 남은 지저분한 눈사태가 녹아내리고 난 후에는 가장 아름다운 것이 찾아온다. 그 때가 되면 산 위쪽으로 사방에 꽃이 피어난 노르스름한 들판이 퍼져나가고, 눈 덮인 산꼭대기와 빙하들은 고고한 모습으로 맑고 엄숙하게 솟아 있다. 호수들은 푸르름을 띠고 따뜻해지면서 태양과 구름의 흐름을 다시 비춰준다.

이 모든 것은 이미 유년 시절을 채워주기에 넉넉하며 또 그럭저럭 일생을 충족시켜줄 수도 있다. 왜냐하면 이 모든 것은 결코 사람의 입을 통해 나온 적이 없는 신(神)의 언어로 끊임없이 소리 내어 말하고 있기 때문이다. 그런 것은 유년 시절에 들은 그대로 평생 동안 감미롭고 강하고 두렵게 울려온다. 그리고 그 소리의 매력으로부터

---

* 벨쉬란트(Welschland): '로망디'라고도 부르며, 스위스의 서쪽과 남쪽 지역 일대를 가리킨다.

결코 벗어날 수 없다. 산 속에 고향을 둔 사람은 일 년 내내 자연 철학이나 박물학을 연구하게 되며 옛 신을 버리는 일이 있더라도, 남풍이 부는 소리를 다시 느끼거나 눈사태가 숲을 뚫고 지나가 나무가 부러지는 소리를 들을 때면 가슴이 설레며 신과 죽음에 대해 생각하게 된다.

(『페터 카멘친트』 중에서, 1904년)

남풍 부는 밤

불어오는 남풍 속에 무화과나무가
뱀처럼 구부러진 가지들을 또 다시 엉켜 놓는다.
헐벗은 산맥 위에는 보름달이 홀로
축제를 벌이며 솟아올라 그림자로 지상에 생기를 불어 넣고
주위에 흘러가는 구름 배들 사이에서
꿈꾸며 혼잣말 하고 호수 골짜기 위에 드리운 밤을
마법처럼 고요히 영혼의 형상과 시로 만들어 간다.
내 마음 아주 깊은 곳에서는 음악이 깨어나고,
그때 강렬한 동경 속에서 영혼이 깨어나
젊음을 느끼고 갈망하면서 흘러가는 삶 속으로 되돌아온다.
운명과 싸우면서 자신의 어디가 부족한지 예감하고,
노래를 흥얼거리며 행복을 꿈꾸는 유희를 한다.
다시 한 번 시작하고 싶다, 다시 한 번 주문을 외어
머나 먼 곳에 사라진 젊음의 뜨거운 위력을
좀더 차가운 오늘로 불러내고 싶다.

방랑하며 열심히 구하고 별들이 있는 곳까지
방황하는 소망들의 어두운 울림이 닿게 하고 싶다.
나는 머뭇거리며 창문을 닫고 불을 켜니,
하얗게 빛나는 침대의 베개가 기다리는 것이 보이고,
세계의 주위에 하얗게 빛나는 달과
바깥에 부는 남풍 속에서 은빛 정원 위로
구름의 시가 흘러가는 것을 안다.
천천히 나의 일상의 일로 되돌아가,
잠들 때까지 내 청춘 노래의 울림소리를 듣는다.

〈카사 카무치〉

몹시 아름다운 이른 봄

우리는 몹시 아름다운 이른 봄을 맞고 있는데, 그가 다른 예술가들처럼 세계의 역사 앞에 자신을 표현할 기회를 얻지 못하는 것이 유감입니다. 그녀는 늘 어딘지 요란하고 대범하며 자신을 매우 중요하게 여기는 사람이지요. 그녀가 종종 웃는 것처럼 보이지만 유머감각이 있다고 여긴다면 잘못일 것입니다.

(『알프레드 쿠빈*에게 보낸 편지』 중에서, 1938년)

---

* 알프레드 쿠빈(Alfred Kubin, 1877~1959): 체코 출신의 오스트리아 화가로 환상적인 세계를 묘사하는 그림을 주로 그렸다.

시인이 주워 모으는 말들

어쩌면 내일 파괴될지도 모를 세계 안에서 시인이 자신의 말들을 열심히 주워 모았다가 골라내는 것은, 바로 지금 모든 목초지에서 자라는 아네모네와 앵초들, 그리고 다른 꽃들이 하는 일과 똑 같다. 어쩌면 내일 독가스로 뒤덮일지도 모를 세계 안에서 그것들은 조심스럽게 이파리와 꽃받침들을, 매끈하거나 톱니 모양의 꽃잎들을 네 다섯 개 또는 일곱 개씩, 모두 제대로, 가능하면 아름답게 피워가고 있다.

(아들 『마르틴*에게 보내는 편지』 중에서, 1940년 4월)

---

* 마르틴 헤세(Martin Hesse, 1911~1968)˙ 헤르만 헤세의 셋째 아들로 사진작가였다. 그는 아버지와 떨어져 살면서 여러 통의 편지를 주고받았으며 그의 사진도 많이 찍었으나 우울증을 겪다가 자살했다.

봄의 시작

봄의 시작이었다. 둥그스름하고 아름답게 굴곡이 진 언덕 위에는 마치 엷고 맑은 물결처럼 피어나는 녹지대가 펼쳐지고 있었다. 나무들은 윤곽이 뚜렷했던 갈색의 그물 같은 겨울 모습을 내려놓고 어린 나뭇잎들이 유희하듯 생생한 녹색이 끝없이 흐르는 파도처럼 일렁이는 풍경의 색채 속으로 뒤섞였다.
예전에 라틴어학교에 다니던 시절에 한스는 지금과는 다른 눈으로 보았었다. 더 생생하고 더 신기하게 하나하나를 주의 깊게 바라보았다. 그는 되돌아오는 여러 종류의 철새들을 바라보았고 또 차례로 나무에 피는 꽃들을 바라보았다. 그리고 오월이 되면 그는 낚시를 하기 시작하였다. 이제 그는 새들의 종류를 구별하거나 덤불에 피어나는 새싹들을 알아보려는 수고를 하지 않았다. 그냥 전체의 움직임과 도처에 움트는 색깔들을 바라보고, 어린 잎들의 냄새를 맡고 기이한 느낌을 받으면서 들판을 거닐 뿐이었다. 그는 늘 금방 피곤해져서 드러누워 잠들고 싶은 충동을 느꼈다. 그리고 실제로 자신을 둘러싸고 있는 것과는 다른 것들을 늘 바라보는 것이었다. 그것들이 과연 무엇인지는 그 자신도 알지 못했으며 생각해보지도 않았다. 그것은 밝고 부드러우면서도 이상야릇한 꿈이었으며 마치 그림처럼 또는 낯선 종류의 나무들이 늘어선 가로수 길처럼 그를 둘러싸고 있지만 그 안에서 아무 일도 일어나지 않는 것이었다. 그저 바라볼 뿐인 순수한 화면들이었으나 그것들을 바라보는 것도 역시 하나의 체험이었다. 그것은 다른 장소로 그리고 다른 사람들이 있는 곳으로 가는 것이었다. 그것은 낯선 땅에서 부드럽고 기분 좋게 바닥을 디디면서 배회하는 것이었고, 가벼움과 섬세하고 꿈결 같은 향신료로 가득 찬 낯선 공기를 마시는 일이었다. 이런 화면들 대신에 이따금 마치 가벼운 손이 그의 몸 위를 미끄러지듯 부드럽게 만지는 듯이 어둡고 따스하며 자극적인 느낌이 들기도 하였다.

(『수레바퀴 밑에서』 중에서, 1905~1906년)

봄
(1907년 5월)

다시 그것은 갈색 길을 밟고
폭풍이 지나간 산들로부터 아래로 내려온다.
아름다운 그것이 다가올 때, 또 다시 아름다운
꽃들은 피어나고 새들의 노래도 솟구쳐 오른다.

또다시 그것은 나의 감각을 유혹한다.
이 감미롭게 피어난 순수함 속에서
지상은 그곳의 나그네인 내 눈에
숭고한 고향으로 비친다.

새로운 체험

또 다시 나는 베일이 벗겨져 내리는 것을 본다.
그리고 친숙한 것이 낯설어지고,
새로운 별들의 공간이 눈짓을 하면
영혼은 꿈을 방해받으며 걸음을 내딛는다.
다시금 새로운 영역 속에서
내 주위의 세계는 질서가 잡히고,
나는 우쭐했던 현자에서
어린아이로 자리매김하는 나 자신을 본다.

그러나 예전에 태어났던 것들로부터
멀리 사라졌던 예감이 갑자기 떠오른다,
별들이 사라지고 별들이 생기면서
우주 공간은 한 번도 빈 적이 없었다는.

영혼은 머리를 숙였다가 들어올려
무한함 속에서 숨을 쉬고,
갈기갈기 잡아 뜯겼던 실들에서는

아름다운 신의 옷이 새로이 지어진다.

단계들

활짝 피었던 모든 꽃이 시들고 모든 젊음이
늙음에게 비껴나듯, 모든 인생의 단계도 활짝 꽃피고
모든 지혜도, 모든 미덕도
그 시절에 활짝 꽃피지만 영원히 지속하지는 못한다.
마음은 삶의 온갖 부름에
이별을 고하고 새로이 시작할 준비를 해야 한다,
용기를 지니고 슬퍼하지 않으면서
또 다른 새로운 묶임 속으로 들어가기 위해서.
그리고 모든 시작에는 우리가 살아가도록
보호하고 도와주는 마력이 깃들어 있다.

우리는 명랑하게 공간에서 공간으로 나아가되,
어느 공간에도 고향처럼 집착해서는 안 된다.
세계정신은 우리를 잡으려 하거나 구속하려 하지 않으며,
한 단계 한 단계 우리를 높여 주고 넓혀주려 한다.
우리는 삶의 어느테두리에 고향처럼

익숙해지자마자 무기력해질 위험이 있다.
불쑥 떠나 먼 길을 갈 준비가 되어 있는 자만이
무감각해진 습관에서 벗어난다.

어쩌면 죽음의 시간이 우리를 또
새로운 공간을 향해 젊은 모습으로 나아가게 해줄지 모르니,
삶이 우리를 부르는 일은 결코 끝나지 않으리라……
그러니 자, 마음이여, 작별을 고하고 건강하여라!

농가

 알프스 남쪽 기슭의 이 축복받은 지역을 다시 볼 때마다 나는 늘 마치 추방되었다가 집으로 돌아온 것 같은, 마침내 다시 산속의 제 자리로 다시 돌아온 것 같은 느낌이 든다. 여기서는 태양도 더 친밀하고 산들은 더 붉으며, 여기서는 밤과 포도, 편도 그리고 무화과가 자란다. 그리고 사람들은 비록 가난해도 선량하고 덕이 있고 친절하다. 그들이 만드는 것들은 모두 다 마치 자연적으로 생겨난 것처럼 적당히 좋고 친밀해 보인다. 집, 담벽, 포도원의 계단, 길들, 식물들과 테라스들, 그것들은 모두 새롭지도 않고 낡은 것도 아니며, 모든 것이 일부러 만들어 내거나 이모저모 궁리해 생각해 내거나 자연으로부터 편취해 낸 것이 아니라 바위나 나무, 이끼처럼 그렇게 그냥 생겨난 것 같다. 포도원 담장, 집 그리고 지붕, 그 모든 것들은 똑같은 갈색 편마암으로 만들어져 있어서 모두가 서로 다정하게 잘 어울린다. 어떤 것도 낯설거나 적대적이거나 폭력적으로 보이지 않고 모든 것이 친숙하고 쾌활하고 이웃 같아 보인다.

그대가 원하는 어디든 가서 앉아 보아라. 담장 위든, 바위 위든, 나무 둥치 위든, 잔디 위나 땅 위든. 어디에나 그림과 시가 그대를 감싸고 있다. 도처에 그대를 감싸고 있는 세계는 아름답고 행복하게 조화를 이룬다.

여기에는 가난한 농부들이 사는 농가가 하나 있다. 그들에게는 소도 없고 돼지와 염소, 닭뿐이며 포도와 옥수수, 과일 그리고 채소를 키운다. 집은 전체가 돌로 지어졌고 마당과 계단이 있으며, 두 개의 돌기둥 사이로 다듬어 만든 계단이 뜰로 이어진다. 도처에 자라는 식물과 돌들 사이로 호수가 파란색을 드리우고 있다.

생각과 근심은 눈 덮인 산들 너머에 머물러 있는 듯 보인다. 고통 받는 사람들과 불쾌한 일들 사이에는 생각과 근심이 너무나 많다! 거기서는 존재하는 것의 정당성을 찾는 일이 너무 힘들면서도 필사적으로 중요하다. 그렇지 않고서 대체 어떻게 살 수 있단 말인가? 그야말로 불행이 두려워서 사람들은 심사숙고해진다. ― 그러나 여기서는 아무런 문제가 없다. 존재하는 데 정당성은 필요없고 생각은 유희가 된다. 사람들은 세상은 아름답고 인생은 짧다고 느낀다. 모든 소망이 잠잠해지는 것은 아니다. 나는 몇 개의 눈을 더 갖고 싶고, 폐도 하나 더 갖고 싶다. 나는 잔디에 두 다리를 뻗고 그것이 더 길었으면

하고 바란다.

나는 거인이 되고 싶다. 그리고는 머리를 알프스의 눈 가까이 염소들 사이에 대고 누워 있고 내 발가락들은 깊은 호수 밑에 담아 첨벙거리고 싶다. 그렇게 나는 누워서 언제까지나 일어나지 않고 싶다. 내 손가락들 사이에서는 덤불이 자라고, 내 머리카락들에서는 알프스의 장미가 자라고, 내 무릎은 앞산이 되고, 내 몸 위에는 포도원과 집들과 교회당들이 세워지도록 하고 싶다. 그렇게 나는 수천 년 동안 누워서 하늘을 바라보고 호수를 들여다보고 싶다. 내가 재채기를 하면 뇌우가 치고, 내가 저 위에서 숨을 내 쉬면 눈이 녹고 폭포들은 춤을 춘다. 내가 죽으면 온 세상도 죽는다. 그러면 나는 세계의 바다 위를 날아 새로운 태양을 데리러 간다.

오늘 밤 나는 어디에서 자게 될까? 아무래도 좋다! 세계는 무슨 일을 할까? 새로운 신들이 만들어지고 새로운 법, 새로운 자유들이 만들어질까? 아무래도 상관없다! 그러나 여기 위에서 한 송이 앵초가 또 피어나고 잎사귀 위에 은빛 털이 돋고, 나직하고 감미로운 바람이 저 아래 포플라나무 속에서 노래하고, 내 눈과 하늘 사이에서 짙은 황규색 벌이 웅웅거리며 날 때면 — 그것은 아무래도 상관없는 일이 아니다! 그것은 행복의 노래를 웅얼거리고 영원의 노래를 웅얼거리는 것이다. 그것이 부르는 노래는 내 세계의 역사이다.

(『방랑』 중에서, 1918년)

이른 시간의 빛

고향, 청춘, 인생의 아침 시간,
수백 번 잊고 잃어버렸던 것이
너에게서 내게로 때늦은 고객이 되어
바람처럼 실려 오니,
영혼 속에 흩어져 잠들어 있던 것이
모든 심연으로부터 솟아나온다.
너 감미로운 빛이여, 새로이 태어난 원천이여!

과거와 현재 사이에서 우리가 종종
자랑스럽고 풍요롭게 여겼던 인생 전체는
더 이상 중요하지 않다. 나는 잊었던 옛 동요들의
젊고도 오래되어 영원한 동화의 분수대 같은
가락에 다시 열심히 귀를 기울인다.

온갖 먼지와 온갖 뒤엉킨 것들 위로,
그리고 노력했으나 채워지지 못한 온갖 수고들 위로
너는 내리 비춘다,

순수한 원천이여, 이른 시간의 빛이여.

삼월의 태양

때 이른 열기에 취해
노랑나비 한 마리 비틀거린다.
창가에 앉아 쉬면서
노인 하나 졸린 듯 몸을 구부리고 있다.

예전에 그는 노래하며 봄의 잎들
사이를 지나 외출했었다.
거리의 수많은 먼지들이
그의 머리 위로 날아다녔다.

꽃 핀 나무와
노랑나비들은 그 노란 빛이
거의 늙지 않는 듯
오늘도 여전히 똑같아 보이지만,

색깔과 향기는
더 옅어지고 더 비워졌다.

빛은 서늘해지고 공기는
더 숨쉬기 힘들고 더 무거워졌다.

봄이 나직하게 웅얼거린다,
그의 노래를, 사랑스런 노래를.
하늘은 파랗고 하얗게 흔들리고,
나비는 황금빛으로 퍼덕이며 날아간다.

두 장의 테신 풍경화

  나는 오늘 벌써 테신*의 풍경화를 두 장이나 그렸습니다. 하나는 봄에 헐벗은 나무와 새들이 머물고 있는 성탑의 풍경이고 하나는 배경에 산 죠르지오 산이 있는 풍경이지요. 이제 새로 종이를 꺼내서 그 위에 화환을 그릴 생각입니다. 내 팔레트에 있는 색들을 다 쓰겠지만 파란색이 주를 이룰 겁니다. 꽃들은 때로는 나의 기억 속에서 끄집어내기도 하고 때로는 새로운 것을 고안해내기도 합니다. 그런데 언젠가, 몇 년 전에 꽃을 하나 머릿속에서 고안해 낸 적이 있는데 알고 보니 그 꽃이 실제로 있더군요. 그것은 그 당시 나의 애인을 위해 그린 것이었는데(당신의 '월출'이 그려지기 이전이기도 합니다), 특히 예쁘고 멋진 꽃을 그리려고 열심이었지요. 그러고 나서 며칠 후

---

* 테신(Tessin). 스위스의 최남부에 위치한 주(州)의 이름. 이탈리아어로는 '티치노', 프랑스어르는 '테생'이라고 부른다. 알프스 산맥 남쪽에 위치하며, 루기노 호수 등이 있어 그 영향으로 스위스에서는 겨울에 다른 지역에 비해 따뜻하다. 헤세는 고향 독임을 떠나 1919년 테신 주의 몬타뇰라(Montagnola)로 이주하였고, 이곳을 제2의 고향으로 삼아 카사 카무치(Casa Camuzzi)라는 저택에 거주하면서 작품 활동을 하고 자연과 벗을 삼아 생활하였다.

에 나는 어느 꽃가게에서 똑같은 꽃을 보았습니다. 그 꽃 이름은 글록시니아*입니다. 어딘지 까다로운 이름이지만 — 그것은 제가 생각해냈던 바로 그 꽃이었습니다.

(『여자 친구에게 보낸 편지』중에서, 1928년)

---

* 글록시니아(gloxinia): 보랏빛을 띤 화려한 느낌의 꽃이며 브라질이 원산지인 여러해살이풀이다.

처음 핀 꽃

시냇가에
빨간 실버들이 자란 뒤에
요즈음
수많은 노란 꽃들이
황금빛 눈을 활짝 떴다.

그리고 오래 전부터 순진함이 사라진
나에게는 황금처럼 밝던
내 인생의 아침의 시간들이
추억으로 되살아나
그 꽃눈 속에서 밝게 나를 쳐다본다.
나는 꽃을 꺾으러 가려다가
그냥 모두 피어 있는 대로 두고
집으로 돌아간다, 이 늙으이는.

봄의 아이

풍성하게 신록이 우거진 가운데
아주 하얗게 나무들이 장식하며 서 있다.
온갖 꽃들이 피어난 기쁨은
다음에 불어오는 바람에 흩어져 사라지고 말 것이다.
너의 젊은 날들도, 아이야,
그리고 너의 즐거웠던 몸짓들도,
아무리 사랑스러워도 얼마 안 가서,
시들고 희미해질 것이다.
오직 고통과 어둠 속에서
달콤한 열매가 태어난다.
그것이 익으면, 잃어버린 고통도
슬픔도 없었던 것이 된다.

〈4월에 핀 과일 나무〉

책은 그런 생각으로 읽는 것이 아닙니다

책은 당신이 하는 것처럼 그런 생각과 의문을 갖고 읽는 것이 아닙니다. 당신은 꽃을 바라보거나 그 냄새를 맡을 때면 그때 그것이 왜 그런 모습을 띠고 있고 그런 냄새가 나는지 알아내기 위해 곧바로 그 꽃을 따거나 꺾어서 조사하고 현미경으로 관찰하지는 않을 겁니다. 오히려 당신은 바로 그 꽃이, 그 색깔과 형태, 향기, 조용하고 수수께끼 같은 그 꽃의 모습 전체가 당신에게 영향을 미치게 하고 그것을 받아들일 겁니다. 그리고 당신이 조용히 그 꽃에 몰입하는 정도만큼 그 꽃에 대한 당신의 체험도 풍요롭게 할 것입니다.

꽃에 대해서 그렇듯이 시인들이 쓴 책에 대해서도 그렇게 해야 할 것입니다.

(1936년 10월 5일에 쓴 한 편지 중에서)

노인은 장미나무 줄기 곁에 서 있었다

 노인은 장미나무 줄기 곁에 서 있었다. 그것들을 묶어 줘야 하는 시기였다. 녹색 앞치마를 허리에 두른 그는 길고 밝은 금발의 곱슬머리를 하고 있었고 손에는 가위를 하나 들고 있었다. 멈칫거리는 손가락으로 그는 갈색 가시가 돋은 가지들을 찾아내서 죽은 가지 끝을 조심스럽게 잘라내 그것들을 실버들로 짠 납작한 바구니에 모아 담았다. 저녁의 햇살이 싹이 트는 높은 덤불들과 라일락 그리고 개암나무들 사이로 비스듬히 따사롭게 비쳐들어 오고 있었다.

 노인은 그 순간을 기다렸었다. 이제 그는 바구니와 가위를 옆으로 치우고서 저녁이 되어가는 조그마한 목초지 쪽으로 발을 내딛고, 붉은 햇살이 흘러내리는 곳에 서서 목련나무에 조용히 귀를 기울이면서 간단한 저녁의 휴식으로 들어갔다. 그 나무는 아직도 크게 숨을 쉬면서 연한 흰새 꽃들을 피우고 있었고, 가장 높은 가지들에서는 늦은 시간의 빛이 가득히 아래로 흘러내리고 있었다. 그러자 모든 꽃잎 위로 신속하면서도 부드럽게 저녁의 붉은

빛이 내려앉았다. 피로에 젖은 하얀 꽃은 은밀하게 부드러움을 발하고 있었고 몇 분 동안인가 마법에 걸린 나무 위에 매력적인 베일이 마치 없는 듯 얇게 걸려 있었다. 옅은 빛깔의 꽃들마다 부드러운 꽃받침에서 영혼이 깨어나 조용하고 따스하게 바라보면서 그 조촐하고 소심한 축제를 벌이고 있었다.

그 꽃들을 가꾸는 노인은 조용해진 눈으로 그 겸손하게 벌어지는 기적을 다정하게 탐색하듯이 관찰했다. 꽃잎 하나하나마다 수줍게 붉히며 그의 마음속에 저녁 인사를 보내고 있었다. 그것을 가득 느끼면서 그는 밀려오는 계절의 냄새를 들이마셨고, 맹아들이 초조한 듯 긴장한 채 감미로운 싹을 띠울 기대에 차 있는 열기의 낌새를 느꼈다.

세계는 더 작아졌다, 라고 그는 미소를 띠우며 생각했다.

(『꿈의 집』 중에서, 1914년)

봄날

덤불 속에서 부는 바람과 지저귀는 새소리
드높은 하늘의 감미로운 푸른 색
고요하고, 당당히 흘러가는 구름들의 배…
나는 금발 머리의 여인을 꿈꾸고,
나의 청춘 시절을 꿈꾼다.
푸르고 광활한 저 높은 하늘은
내 향수의 요람.
그 안에서 나는 고요한 심정으로
지극한 행복과 따스함 속에
나직하게 중얼거리며 누워 있다,
어머니의 품안에
안겨 있는 어린아이처럼.

나는 어느 언덕 위에 서 있었다

나는 조그마한 우리 고향도시의 어느 바위 언덕 위에 올라가 서 있었다. 얼음을 녹이는 따스한 바람과 막 피어난 제비꽃 냄새가 났고 도심의 강물이 번쩍거리는 모습이 내려다 보였다. 아버지 집의 창문도 반짝였다. 그 모든 것은 살랑거리듯이 아주 충만하고 새롭고 창조에 취한 듯 보이고 울리며 냄새를 풍겼고 아주 깊은 색으로 반짝였다. 내가 한 때 내 청춘 시절에 시인이 되었던 충만했던 시절에 바라보던 세계처럼 봄바람 속에서 강하게 영향을 미치면서 변화된 모습으로 움직이고 있었다. 나는 언덕 위에 서 있었는데 바람이 내 긴 머리카락 사이로 스쳐갔다. 꿈같은 사랑의 동경 속에 길을 잃은 채 나는 방황하는 손으로 푸르러져 가는 덤불에서 반쯤 피어난 새싹을 하나 뜯어내 눈앞에 대고 그 냄새를 맡았다. (이 냄새를 맡자 곧 그 당시의 모든 것이 다시 뜨거운 열기처럼 내 머리에 떠올랐다.) 그리고 그 작은 녹색 이파리를 아직 어느 소녀에게도 입맞춤해 본 적이 없는 내 입술에 장난하듯 갖다 대고 씹기 시작했다. 그리고 이 떫은 향기가 나는 씁쓸한 맛에서 나는 돌연 내가 체험한 것을 정확히 알았다. 모든 것이 다시 되살아났다.

나는 내 소년시절의 마지막 해에 보냈던 시간을 다시 체험하고 있었다. 그 때가 초봄의 어느 일요일 오후였다. 나 혼자 외로이 산책을 하다가 로자 크라이슬러를 우연히 만나 그녀에게 몹시 수줍게 인사를 건네고 몽롱하게 그녀와 사랑에 빠졌던 바로 그 날이었다.

그 당시 그 아름다운 소녀는 혼자서 마치 꿈꾸듯이 산으로 걸어올라 오면서 나를 아직 보지 못했는데, 나는 그 모습을 기대에 가득 차 바라보고 있었다. 그녀는 머리카락을 굵게 따고 있었다. 나는 그녀의 두 뺨에도 머리카락이 드리워져 있어 바람에 유희하듯 흩날리고 있는 모습을 바라보고 있었다. 내 생애 처음으로 이 소녀가 얼마나 아름다운지, 그녀의 부드러운 머리카락과 바람의 유희하는 모습이 얼마나 아름다운지 그리고 젊은 그녀의 몸에 걸친 얇은 파란색 원피스의 흘러내림이 얼마나 아름답고 동경을 불러일으키는지를 보았던 것이다. 그러자 입가에 씹었던 새싹의 씁쓸한 양념 같은 내음이 봄의 수줍고도 감미로운 기쁨과 불안 속으로 나를 잠기게 했던 것처럼 그 소녀를 보자 사랑에 대한 위험한 예감에 잠겼다. 그것은 여성에 대한 예감, 터무니없는 가능성과 약속, 이름 모를 기쁨과 표현할 수 없는 혼란, 불안과 고통, 아주 내밀한 구원과 깊은 죄에 대한 치명적인 예감이었다. 아, 그 씁쓸한 봄의 내음이 내 혀에서 얼마나 뜨겁게 타올랐던지! 아, 그녀의 불그스레한 뺨 옆에 흐트러진 머리카락 사이로 유희를 하듯 스쳐가던 바람이여! 이윽고 그녀는 내 가까이 걸어와 나를 힐끗 올려다보더니 알아보고 잠시 동안 살짝 얼굴이 붉어지더니 옆으로 눈을 돌렸다. 그 때 나는 견진 성사를 받은 소년이 쓰는 모자를 벗고 그녀에게 인사를 건넸다. 로자는 곧 평정을 되찾아 미소를 지으며 인사하더니, 숙녀처럼 약간 몸을 뒤로 젖히고 머리를 들고서 천천히, 자신 있고 당당한 표정으로 계속 걸어갔다. 내가 그녀의 뒷모습에 보내는 수천 가지 사랑의 소망과 요구와 경의에 감싸인 채.

그 때가 삼십 오 년 전의 어느 일요일이었다. 그런데 그 당시의 모든 것이 지금 이 순간 다시 되돌아온 것이다. 언덕과 도시, 삼월의 바람과 새싹 냄새, 로자와 그녀의 갈색 머리, 부풀어 오르는 향수와 부드럽게 목을 조이는 듯한 불안감. 모든 것이 그 당시와 같았다. 나는 내 인생에서 그 당시 로자를 사랑했던 것보다 더 진한 사랑을 해본 적이 없는 것 같았다.

(『황야의 이리』 중에서, 1927년)

사랑의 노래

(1922년 5월)

내가 한 송이 꽃이 되었더라면
당신은 조용히 다가와,
나를 소유하려고
당신 손으로 붙잡았겠지요.
나 역시 기꺼이 붉은 포도주가 되어
달콤하게 당신의 입 안으로 들어가
온통 당신 몸으로 흘러들어가고 싶어요.
그리고 당신과 나를 건강하게 만들고 싶어요.

멀리 갈색 숲이

멀리 갈색 숲에서는 며칠 전부터 갓 피어나는 녹음의 밝은 빛이 감돌고 있었다. 오늘은 진흙길에서 갓 절반쯤 피어난 앵초꽃을 발견했다. 습기가 있으면서도 맑은 하늘에서는 부드러운 사월의 구름들이 꿈을 꾸고 있었고, 아직 거의 갈지 않은 채 드넓게 펼쳐진 밭들은 몹시 반짝거리고 있었다. 그것들은 미지근한 공기에 맞서서 마치 받아들이고 촉진하여 그 무언의 힘을 수천의 푸른 새싹과 위로 솟구치는 줄기들로 시험하고 느끼고 내어 주기를 갈망하는 듯이 갈색으로 펼쳐져 있었다. 모든 것들이 기다리고 있고, 모든 것들이 준비하고 있다. 모든 것들이 섬세하면서도 부드럽게 재촉하는 생성의 열기 속에서 꿈꾸면서 싹을 키우고 있다. ― 어린 싹은 태양을 향해서, 구름은 논밭을 향해서, 어린 풀은 공중을 향해서. 해마다 이때가 되면 나는 마치 특별한 한 순간이 내게 새로운 탄생의 기적을 열어 보여야 하고 언젠가 한 시간 동안 생명이 웃으며 땅에서 솟아나고 커다란 어린 눈이 빛을 향해 번쩍 뜨는 힘과 아름다움의 계시를 보고 이해하고 함께 체험해야 하는 것처럼 불안과 동경 어린 심정으로 애타게 기다린다. 그리고 해마다 그 기적은 소리와 향기를 내면서 내 곁을 스쳐 지나간다 ― 사랑 받고 경탄의 대상이 되면서도 이해되지는 않은 채. 그것은 그렇게 거기 와 있어도 나는 그것이 오는 것을 보지 못한다. 싹이 터서 갓 피어난 그 부드러운 원천이 빛 속에서 떠는 것을 보지 못한 것이다. 그런데도 갑자기 도처에 꽃들이 피어나 있고, 나무들은 밝은 이파리를 띠거나 포말처럼 하얗게 만발해 있다. 새들은 따사로운 푸른 창공으로 환호하듯 멋지게 곡선을 그리며 날아간다. 내가 보지 못했는데도 기적이 이루어져 있고 숲들은 우거져 멀리 산 정상에서 부른다. 그러니 이제 장화와 가방, 낚싯대와 노 젓는 도구를 챙겨서 매번 예전에 그랬던 것보다 더 멋지게, 그리고 매번 더 바쁘게 다가오는 듯한 이른 계절을 온 감각으로 즐겨야 할 때다. ― 옛날 내가 아직 소년이었을 때는 봄이 마치 끝나지 않을 것처럼 얼마나 길었던가!

(『유년 시절 가운데』 중에서, 1903년)

봄

(1909년)

우리 거친 아이들 무리가
골목길에서 즐겁게 놀던 때 이후로
모든 것이 나빠졌고,
모든 것이 나약해졌다!
그러나 요즈음
오월의 딱정벌레가 윙윙거릴 때면,
잃어버렸던 즐거움이
다시 내 안에서 달그락거리기 시작한다.
용담꽃과 벚꽃
온화한 파란 아침의 시간!
그때 기분은 모든 상처에서
유쾌하게 벗어나 회복된다.
다만 옛날 모든 소녀들에게 가졌던
소년들의 적개심은
영원히 사라졌다 —
그렇다, 그것은 순수한 우정이 되었다.

오늘 식사 전의 짧은 산책

오늘 식사 전에 나는 짧은 산책을 했습니다. 취리히 부둣가에서 호수 부지를 따라 다채로운 새들이 지저귀는 새장들이 있는 곳까지 재미있게 걸어간 시내의 보통 산책이었습니다. 새들은 새장 앞에 꽂아 둔 그림 카드들에 그 새들의 이름이 적여 있지만 혼동이 되어 그 이름들을 제대로 알아낼 수 있는 사람이 아무도 없다는 것을 즐기는 듯 했습니다. 어떤 새 한 마리가 혼자 이렇게 노래하는 것이 분명하게 들리더군요.

아, 아무도 모르니 얼마나 좋은가,
내 이름이 "파란 에스트릴다*"라는 것을!

동화 속에 나올 것 같은 아프리카 산의 조그마한 회청색 새들도 있더군요. 여름에 높은 산맥이 있는 곳의 실개천 가에 내려 앉아 물을 마실 때면 작고 푸른 나비처

---

* 에스트릴다(Astrild): 우리말로 '조무작'이라 불리는 새로 원래 아프리카 서부에서 세네갈, 카메룬 북부, 차드의 서남부 등지에 걸쳐 분포함.

럼 반짝이며 사람이 곁에 지나가면 구름 속으로 휘익 날아오르곤 하지요. 이 새들을 보면서 나는 당신을 생각했습니다. 당신도 그 새들을 아주 좋아하고 또 당신의 작고 선량하고 맑은 눈으로 그것들을 바라보면서 좋아했으니까요. 햇빛이 비쳤지만 북쪽에서 불어오는 바람은 차가웠습니다. 바라보기는 좋아도 피부로 느끼기 위한 봄은 아닌 것 같습니다.

(『여자 친구에게 보낸 편지』 중에서, 1928년)

꽃, 나무, 새

공허함 속에서 홀로
외롭게 타오르고 있구나, 마음이여,
심연에서 너에게 인사를 한다,
어두운 꽃의 고통이.
키 큰 나무의 고뇌가
그 가지를 뻗치고,
가지들 속에서는
새가 영원을 노래한다.

꽃의 고통은 침묵을 하고
아무 말도 찾지 못한다.
나무는 구름이 있는 곳까지 뻗어 자라나고,
새는 하염없이 노래한다.

처음으로 들린 뻐꾸기 소리

 오늘 4월 27일, 처음으로 뻐꾸기 소리가 들렸습니다. 그 소리는 해마다 더 아름다워지면서도 더욱 이해할 수 없게 들립니다. 마치 미국 뉴저지 주에서 황야의 이리가 『데미안』*을 읽고 느끼는 것보다 백배는 더 차이가 나는 것을 나는 그 소리를 들을 때면 느끼고 합니다. 그 소리가 봄을 의미하는 것만은 아니기 때문입니다. (나이 들고 병든 사람들에게는 오히려 고문이겠지요). 이 새 소리들은 사랑과 창조의 마력을 노래할 뿐 아니라 그 외에도 나에게 일흔 가지가 넘는 또 다른 봄들을 상기시키며, 서서히 바뀌는 일흔 가지가 넘는 뉘앙스와 의미들을 나에게 줍니다. 오늘 생각나는 것은 젊은 시절에 모든 것을 내던지고 남쪽으로, 알프스를 넘어 이탈리아로, 시칠리아로, 아프리카로, 인도로 달아나고 싶었던 방랑벽, 그 어리석은 갈망은 아닙니다. 오늘 뻐꾸기 우는 소리와 봄이 나에게 외치는 것은 오히려 창조하는 자의 상태에 대해 생각나게

---

* 『데미안(Demian)』: 1919년에 출간된 헤세의 대표작 소설.

하고, 수년 동안의 침묵 뒤에 아마 예술가가 또 다시 오직 시인이 되려 하는 은밀한 유희를 벌이고 시적인 구상으로 대단하면서도 위험한 유희를 감행하는 것에 대해 경고하는 것입니다. 그 유희는 단지 유희일 뿐이기는 하지만 마치 봄과 같은 것이어서 내밀하면서도 참을 수 없게 동경을 불러일으키고, 생각은 거의 한때 이탈리아와 시칠리아, 아프리카가 나를 불렀던 것 같은 힘과 마력을 갖고 또 다시 있습니다. 그것은 아름다우면서도 사람에게 오래 지속되어서는 안 되는 위험한 상태입니다. 그러한 상태는 참을 수 없을 것입니다.

(『에른스트 모르겐탈러*에게 보낸 편지』 중에서, 1950년 4월 27일)

---

* 에른스트 모르겐딜러(Ernst Morgenthaler, 1887~1963)는 화가로, 헤세는 스위스 베른에 거주하던 시절부터 그와 친분을 맺고 있었으며 여러 차례 그에게 자신의 초상화를 그리게 했다. 또 헤세는 새로운 단편 소설들과 동화 모음집인 『꿈의 여행』(1945년 취리히 발간)을 그에게 헌정했다.

오월 초순의 지금

 오월 초순의 지금과 나중에 또 다시 늦가을이 되면 남쪽 산악 지역의 풍경은 가장 아름다운 날들이 된다. 여름 내내 모든 언덕과 낮은 산들은 숲으로 뒤덮인다. 이 시기에는 온 나라가 녹색, 녹색 일색이어서 만약 그 사이 사이 도처에 색색의 번쩍거리며 빛을 발하는 마을들이 놓여 있지 않거나 멀리 눈 덮인 몇몇 산들이 풍경 속으로 들어와 보이지 않는다면 지루하기 짝이 없을 것이다. 반면에 밤나무들에 막 첫 이파리가 생겨나는 지금, 약간 투명하고 거친 마지막 벚나무들이 시들고 첫 아카시아가 피어나기 시작하는 지금 남쪽 숲은 타오르듯 신선하고 불그스레하게 유희하는 녹음이 우거져 매혹적이다. 그 녹음은 아직은 옅고 부유하는 듯 해서 아직은 하늘과 별들과 먼 산맥들을 도처에서 들여다 볼 수 있게 해 준다.
 이즈음에 숲 속의 왕은 뻐꾸기다. 도처에 조용하고 한적한 골짜기들과 햇빛이 비치는 숲의 꼭대기, 그리고 그늘진 협곡 속에서 그 새의 구애하는 듯한 깊숙한 울음소리가 들린다. 그 새의 부름은 봄을 의미하고 그 노래는

〈로카르노〉

불멸성을 노래하니, 그 새의 나이를 물어보는 것도 이유가 없지는 않다. 그 새소리는 숲속을 통해 따사롭고 깊이 있게 울린다. 그 소리는 여기 알프스 남쪽에서는 옛날 나의 유년 시절에 슈바르츠발트*와 라인 강 골짜기에서 울

---

* 슈바르츠발트(Schwarzwald): 독일어로 '검은 숲'이라는 의미로, 독일 남서부의 라인강 동쪽에 뻗어 있어 스위스 국경지역에 있는 산림지대이다.

릴 때와 다르지 않고, 옛날 보덴제*에서 살던 시절 내 아들들이 어린아이 때 처음 들었던 소리와 다르지 않게 울린다. 그 새 소리는 태양과 같이, 숲과 같이, 어린 이파리들의 녹색과 흘러가는 오월의 구름의 하얀색과 자주색과 같은 모습이다. 해마다 뻐꾸기는 울지만 그 뻐꾸기가 과연 그 전 해의 그 뻐꾸기인지는 아무도 모르며, 우리가 어린아이 때와 소년이었을 때, 청년이었을 때 처음 우는 소리를 들었던 그 뻐꾸기들은 어떻게 되었는지 아무도 모른다. 이 사랑스럽고 깊은 울음소리는 예전에는 약속이자 미래인 것처럼, 구애의 소리처럼, 폭풍 소리처럼, 행복을 향해 우는 소리처럼 들렸는데 지금은 마치 과거의 소리처럼 들린다. 그리고 그 뻐꾸기가 들려주는 경고의 울음소리 상대가 우리든, 아니면 이미 우리의 아이들과 손주들이든, 혹은 우리가 요람에 있을 때 우리를 깨웠던 그 외침소리든, 아니면 우리의 무덤 위에서 우는 것이든, 그 새에게는 아무 상관없다. 그 새는, 그 소심한 형제의 모습은 잘 보이지 않는다. 그래서 나는 그 새를 사랑한다. 그 새는 쉽게 모습을 보여주지 않으며 혼자 머물고 싶어 한다. 대다수 사람들에게 뻐꾸기는 이처럼 푸른 숲

---

* 보덴제(Bodensee): 독일과 스위스 경계에 있는 호수 이름이다. 주위의 풍광이 아름다워 관광지로 유명하다.

에서 우는 아름답고 깊고, 유혹하는 듯한 울음소리에 지지 않는다. — 사람들은 그 소리를 수천 번 들었어도 그 새를 본 적은 결코 없는 것이다. 어제 나는 열두 살쯤 되어 보이는 학교에 다니는 한 떼의 소년들에게 이미 뻐꾸기를 본 적이 있는지 물어보았다. 그 중 오직 한 소년만이 본 적이 있다고 대답했다.

그러나 나는 그 새를 종종 보았다. 그 소심한 형제, 숲 속에 사는 행복한 내 사촌을. 그것은 대개는 보이지 않게 숨어 지내므로 그 새에 대해서 아주 매력적이고 신선하며 정처 없는 이야기들이 전해지고 있다. 모습은 보이지 않지만 그것은 두 달 동안 왕으로서 온 숲속을 지배한다. 소리 내어 우는 도전적인 사랑의 전령이지만 그 새는 결혼, 고향, 새끼 기르는 일은 별로 중요시 하지 않는다. 계속해서 울어라, 형제 뻐꾸기여, 너는 내가 좋아하는 동물 중의 하나이다.

(『밤나무 숲 속의 오월』 중에서, 1927년)

봄
(1915년*)

숲가에서 꽃봉오리들이 눈물을 떨어뜨리고,
노란 꽃들은 희미한 녹색으로 빛난다.
새들이 지저귀는 사랑의 속삭임이
반짝이는 덤불 속에서 취해 비틀거린다.
그리고 아이들은 앵초꽃을 찾아
풀밭을 어지럽게 뛰어다니며,
미래의 삶에 대한 예감된 두려움을
어지럽게 흥얼거리며 노래한다.
그러나 우리 어른들은
산 가장자리에 잔뜩 귀를 기울인다,
멀리 대포의 사격 소리가
죽어가는 맥박소리처럼 약하고 둔중하게 스쳐가는 곳으로.

---

* 1915년은 제1차 세계대전이 격렬하게 유럽을 휩쓸던 해다. 헤세는 비록 스위스의 깊은 산중에 거주하여 그 전쟁을 직접 겪지는 않았지만 그 피해와 고통을 간접적으로 묘사하고 있다.

언젠가는 평화가 올 것이다!
언젠가 우리는 아이들과 함께
진지한 행사에 화관을 가져갈 것이다,
잊히지 않은 무덤들에 바칠 화관을.
갈색으로 그은 이마를 죽음이 비껴간 사람들의
귀향을 축하할 화관을.
우리는 화관을 가져갈 것이고,
평화는 성대한 종소리로
울려퍼질 것이다.
한 번 ― 또 한 번, 조용히 서 있는 수천의 사람들 위로
선량하게 미소 지으며
깊은 눈빛으로
성모께서 고개 숙여 내려다 볼 것이다.

정원에서

 정원을 소유하고 있는 사람에게는 이때가 할 일이 많은 봄에 대해서 생각해야 할 시기이다. 생각에 잠겨 좁은 오솔길들을 따라 텅 빈 꽃밭들 사이를 걷다 보면 정원의 북쪽 가장자리에는 눈이 조금 쌓여 노란빛을 띠고 있는 것이 보인다. 아직은 전혀 봄이 올 기미가 보이지 않는다. 그러나 들판과 시냇가, 경사진 따사로운 포도밭들 주변에는 벌써 갖가지 초록의 생명들이 꿈틀거리고 있다. 또 들판에는 처음 핀 노란 꽃들이 수줍으면서도 즐거운 듯 생명에 대한 용기를 갖고 풀 속에 모습을 드러내고 서 있다. 꽃들은 어린아이의 눈처럼 열려 있으면서 고요하고도 기대로 가득 찬 세계를 바라보고 있다. 그러나 집안의 정원은 갈란투스 식물 외에는 아직 모든 것이 죽어 있는 상태다. 이곳에서는 봄이 스스로 찾아올 때까지 기다려야 한다. 벌거벗은 꽃밭들은 쟁기질을 하고 씨를 뿌려주기를 참을성 있게 기다리고 있다.
 일요일에 산책하는 사람들과 자연에 친근감을 가진 사람들에게는 이제 다시 좋은 때가 왔다. 그들은 이리저리 돌아다니면서 생명이 다시 살아나는 기적을 만족스런 눈으로 바라볼 수 있을 것이다. 또한 푸른빛의 목초지가 즐거운 색채를 지닌 초봄의 꽃들로 수놓이는 것을 보게 될 것이다. 물기를 머금은 꽃봉오리들은 이파리들에 덮여 있다. 사람들은 은색 버들가지들을 잘라서 방 안에 가져와 꽂아 둘 것이다. 그러면서 모든 것들이 적절한 때가 되면 나와 싹을 틔우며 개화하기 시작하는 것이 얼마나 쉽고 자명하게 일어나는지에 대해 즐겁고도 경이로운 마음으로 바라볼 것이다. 그런 생각을 하는 동안 다른 걱정은 하지 않는다. 왜냐하면 그런 사람들은 단지 현재 나타나는 것들만을 보며 밤의 추위나 풍뎅이 같은 애벌레, 쥐 혹은 다른 폐해가 생기는 것들을 두려워할 필요가 없기 때문이다.

하지만 정원을 소유하고 있는 사람들은 이런 봄날에 그리 평온하지만은 않다. 그들은 이리저리 돌아다니다가 겨울에 이미 해두었어야 할 많은 일들을 게을러서 하지 않고 미뤄 놓았다는 것을 돌연 깨닫는다. 금년에는 어떻게 될까 하고 생각에 잠기면서 지난해에는 제대로 가꾸지 못했던 꽃밭들과 나무들을 근심 어린 눈으로 관찰한다. 보관하고 있는 씨앗과 구근들을 살펴보고 계산하며 정원에서 쓸 공구들을 조사한다. 삽자루가 부러져 있고 정원용 가위가 녹슬어 있는 것을 발견한다. 물론 모든 것이 다 그런 식은 아니다. 정원사 직업을 가진 사람들은 겨울 동안에도 내내 일하면서 그들의 생각을 다듬어 왔다. 또 자연을 사랑하는 많은 부지런한 사람들이나 영리한 가정주부들은 이미 모든 대비를 갖춰 놓았다. 그런 사람들에게는 부족한 도구도 없고 녹슨 칼도 없다. 축축해져버린 씨앗 포대도 없다. 지하실에 저장해 놓은 구근들이나 양파도 썩거나 없어지거나 허술하게 관리한 것이 없다. 또 새해가 되면 정원을 어떻게 가꿀까 하는 계획도 모두 짜두었고 철저히 생각해 두었다. 필요하게 될지 모를 비료도 미리 주문해 두었다. 모든 것들이 대체로 모범적으로 준비된 상태다. 참 다행인 것이 이제 그들은 칭찬과 경탄을 받을 만하다. 그들의 정원들도 역시 금년에 여러 달 동안 온갖 것들이 자라나 풍요로울 것이며 준비가 안 된 우리들의 정원보다 훨씬 빛날 것이다. 그들의 정원에서는 어떤 잡초도 자라지 않았다.

우리 같은 다른 사람들, 우리 같은 아마추어나 게으름뱅이들은 다르다. 우리처럼 꿈을 꾸거나 겨울잠을 자는 사람들은 우리가 예감하지도 못하고 쾌적한 겨울잠 속에 빠져 있던 동안에 다시 봄이 온 것을 보고 깜짝 놀란다. 그리고 부지런한 이웃들이 이미 모든 일을 다 해놓은 것을 바라보고는 당혹스러워한다. 이제 우리는 부끄러워진다. 갑작스럽게 우리는 소스라쳐 놀라 일어나서 바삐 서두른다. 우리가 태만했던 것을 뒤늦게 벌충하려고 정원용 가위를 갈고 조급하게 씨앗 상인에게 편지를 쓰고 하다가 하루를 또다시 제대로 한 일도 없이 흘려보내 버린다. 그러나 결국에는 우리들도 준비를 끝낸다. 그러고 나서 일을 시작한다. 물론 언제나 그렇듯이 처음 며칠 동안은 풍부한 예감을 갖고 기쁘고 흥분한 마음에서 일이 잘 진척되는 것처럼 보인다. 그렇지만 어렵기도 하다. 그리고 그해에 흘리는 최초의 땀이 이마에서 흘러내린다. 우리가 신은 장화는 부드럽지만 발은 무거운 흙 속으로 빠진다. 삽자루를 잡은 손은 물집이 잡혀 부어오르고 통증이 느껴지기 시작한다. 그런 동안에 해롭지 않은 감미로운 삼월의 태양이 벌써 너무 덥다는 느낌이 들 정도로 강렬하게 비친다. 피로에 젖어 등이 아파 올 때쯤 우리들은 몇 시간 동안 힘들었던 일을 뒤로 하고 집안으로 돌아간다. 난로의 열기가 갑자기 매우 놀랍고도 낯설고 좀 우습게 느껴지기까지 한다. 저녁이 되면 전등불 밑에 정원에 관한 책자를 펴놓고 앉아서 읽는다. 그 안에는 새로운 봄이 되어 정원을 가꾸는 일에 관해 많은 유혹적인 내용들이 들어 있다. 또 힘들고 재미없는 작업들에 대한 내용도

꽤 많이 수록되어 있다.

어쨌든 간에 자연은 선량하다. 결국에 가서는 그 쾌적한 정원 안에도 시금치와 상추로 가득한 화단이 만들어질 것이다. 그리고 몇몇 과일과 즐거운 눈요깃감이 되는 여름 꽃들이 무성할 것이다. 먼저 힘들게 땅을 일굴 때 보면 애벌레, 풍뎅이, 거미줄 등이 여기저기서 나타난다. 그것들을 발견하면 우리는 즐거운 기분에 들뜨면서도 얼굴을 찡그리며 없애 버린다. 가까운 곳에서는 친근감이 가는 지빠귀가 울어 대고 박새들이 지저귄다. 덤불과 나무들도 용케 겨울을 견뎌냈다. 나뭇가지들 위에는 갈색 꽃봉오리들이 솟아나며 약속으로 가득 찬 미소를 짓는다. 장미 덤불들은 바람 속에 가벼이 흔들리고 앞으로 찬란하게 꽃필 것을 꿈꾸면서 고개를 끄덕인다. 매 시간 모든 것들은 우리에게 다시 더욱 친근해진다. 우리는 도처에서 여름이 다가오는 것을 예감한다. 우리는 어떻게 그 길고 우중중한 겨울을 참아낼 수 있었는지 이해하기 어렵다는 듯이 머리를 젓는다.

겨울은 황량하지 않았던가. 길고 어두운 다섯 달 동안이나 우리들은 정원도 없이 지냈다. 향기도 없고, 꽃도 없고, 녹색의 잎사귀들도 없이 말이다! 그러나 이제 그 모든 것들이 다시 시작된다. 정원은 아직 황량해 보이지만 그 안에서 일하는 사람에게는 다르게 보인다. 모든 것들이 이미 맹아의 상태로 숨 쉬고 있으며 그들의 상상 속에 이미 존재하고 있다. 화단들은 생명을 지니고 있다. 그곳에는 반짝이는 푸른빛을 띤 상추들이 자랄 것이다. 화단 저쪽에는 즐거운 강낭콩이, 이쪽에는 딸기가 자랄 것이다. 우리는 파헤쳐진 땅을 다시 평평하게 고른다. 끈을 쳐놓은 대로 예쁘장하고 반듯하게 줄을 긋는다. 그 안에 씨앗을 뿌릴 것이다. 그리고 화단 안에 미리 어떤 색과 어떤 형태의 꽃들을 심을지 나눠 놓는다. 하늘색과 하얀색을 여기저기에 심고 미소 짓는 듯한 붉은색 꽃들을 그 사이에 흩트려 심을 것이다. 이쪽은 물망초로, 저쪽은 레세다 꽃으로 화려하게 가장자리를 다듬는다. 햇볕이 찬란히 내리쬐는 여름이 되면 그곳에 탁자를 갖다 놓고 앉아 밀크가 조금 들어간 커피를 아끼지 않고 마시고, 또 가벼운 식사를 하며 포도주를 마시리라. 또 저기 저쪽에 무를 심을 장소도 눈 여겨 둔다.

 이제 일이 진전되어 감에 따라 바보처럼 마구 기뻐하고 흥분하던 물결은 가라앉고 고요해진다. 그리고 놀랍게도 이 작고 무해한 정원의 존재는 다른 여운을 띤 생각으로 우리를 사로잡는다. 사실 그것은 정원을 가꾸면서 마치 자신을 창조자로 느끼는 즐거움과 창조자로서의 우월감이다. 사람들은 한 조각의 땅을 그들의 머릿속의 생각과 의지대로 형태를 바꾸어 놓는다. 그리고 여름을 대비해 그들이 좋아하는 과일들, 좋아하는 색깔, 좋아하는 향기들을 창조해 낼 수 있다. 사람들은 작은 화단, 몇 제곱미터 되는 헐벗은 땅을 여러 색채의 물결이 흐르도록 바꾸어 놓는다. 그것은 우리의 눈에 위안이 된다. 그것은 천국의 작은 정원으로 만들어진 것이다. 하지만 그것만으로는 한계가 있다.

결국 사람들은 자연스레 솟구치는 갖가지 욕구와 환상을 마음껏 즐기고 싶어 한다. 그래서 그것들을 보살피려고 한다. 그러나 자연은 가혹하다. 자연은 얼마간은 인간이 아첨하도록 내버려두며 뭔가를 빼앗기기도 하고 언뜻 한 번쯤 속아 넘어가 줄 수도 있다. 하지만 그럴수록 결국에는 더욱 강하게 자연 자신의 권리를 요구한다. 재미로 정원사 노릇을 하는 사람들은 몇 달밖에 안 되는 따뜻한 기간 동안에 많은 것들을 관찰할 수 있다. 만약 원하기만 한다면, 혹은 정원을 가꾸도록 요구를 받아 일을 하게 되면 온통 즐거운 것만 보게 된다. 산출하고 형태를 다듬어 가는 가운데 넘쳐나는 자연력, 자연 속 형상들과 색채들 사이에서 유희하고 싶은 느낌과 환상, 많은 점에서 인간적인 여운을 주는 작고 즐거운 생명들.

재배 식물들 가운데는 좋은 것들도 있고 나쁜 것들도 있다. 힘을 절약하여 피어나는 것이 있는가 하면 자신의 힘을 마구 낭비하며 풍성하게 열리는 식물도 있다. 우쭐하며 자기만족에 취한 것이 있는가 하면 기생하여 사는 것들도 있다. 어떤 식물들은 종류와 생명력이 고루하고 평범하고 활기가 없으며 어떤 식물들은 마치 당당한 신사들처럼 즐겁게 피어난다. 그것들 가운데는 좋은 이웃도 있고 나쁜 이웃도 있다. 다정한 것이 있는가 하면 혐오스러운 것들도 있다. 어떤 재배 식물들은 마구 거칠게 제약 없이 피어나 아무런 규칙도 없이 생명을 한껏 누리다가 죽는다. 반면에 빈약하여 불이익을 당하는 것들도 있다. 그것들은 불쌍하게도 굶주려 창백한 모습으로 힘겹게 생명을 유지하느라 애쓴다. 어떤 식물들은 생산하고 증가하면서 믿어지지 않을 정도로 풍성하게 성장해 가며, 어떤 것들은 힘들게 애써 가꾸어야만 겨우 그 씨를 남길 수 있다.

나는 늘 정원 속의 그런 여름이 너무도 빠른 속도로 조급하게 왔다가 간다는 사실이 놀랍고 염려스럽다. 그것은 겨우 몇 달 동안 지속된다. 그리고 이 짧은 시간에 화단 안에는 여러 종류의 식물들이 자란다. 가슴을 쭉쭉 펴 생명을 누리다가 시들어 죽어간다. 화단에 어린 채소들을 심으면 물을 주고 비료를 주자마자 곧 흙을 뚫고 나와 자라면서 번성하다가 덧없이 사라진다. 그리고 달이 두세 번 바뀌고 나면 어느덧 어린 식물들은 늙고 죽어 간다. 자신들의 목적을 다 이루었으므로 뿌리는 뽑혀지고 앞으로 다가올 새로운 생명에게 자리를 내주지 않을 수 없게 된다. 그 무렵의 정원사들만큼 분주한 이는 없을 것이다. 그때만큼은 정원사들에게 여름은 놀랄 만큼 너무도 빨리 서둘러서 지나가는 것처럼 보인다.

그때 정원에서는 모든 식물들의 짧은 생명의 순환이 다른 어디에서보다도 빠르고 명확하게 보인다. 정원에 해가 뜨자마자 벌써 쓰레기와 시체들이 널린다. 잘라 버린 어린 싹들, 끝이 잘린 줄기들, 질식했거나 아니면 다른 이유로 죽어 버린 식물들. 그리고 매주 그것들은 더욱 많아질 것이다. 그것들은 모두 부엌의 쓰레기와 함께 사과 껍질, 귤껍질, 계란 껍데기들과 온갖 종류의 찌꺼기들이 쌓인 거름더미 위에 쌓일 것이다.

그것들이 시들고 부패하고 사라지는 것은 하찮은 일이 아니다. 그것들은 보존되며 어떤 것도 그냥 버려지지 않는다. 정원사가 조심스럽게 보관한 그런 추한 쓰레기 더미들을 햇빛과 비, 안개, 공기, 추위가 파괴하고 갈라지게 한다. 그리고 한 해가 지나고 나면 곧 다시 정원에 여름이 와서 화려한 꽃들과 식물들을 피어나게 한다. 그럴 때 시체가 되었던 모든 것들은 이미 부패하여 땅 속으로 들어가 그 땅을 기름지고 검고 풍요롭게 만드는 것이다 그리고 다시 얼마 안 가서 우중충한 쓰레기 더미와 죽음으로부터 새싹들이 솟아오른다.

그리하여 썩어 해체되었던 것들이 힘을 갖고 새롭고 아름다운 색채를 띤 형상으로 되돌아온다. 그러한 순환은 단순하면서도 확실한 것이다. 그것은 사람들에게 너무나도 많은 것을 진지하게 생각하도록 만들어준다. 그것에 대해서 모든 종교들은 예감으로 가득 찬 것으로 해석하고 숭배한다. 이와 같이 모든 작은 정원들 안에서는 그처럼 고요하면서도 신속하고 확실한 일들이 일어나고 있다. 지난해의 죽음에 의해 양분을 얻고 소생하지 않는 여름은 없다. 그리고 또한 땅으로부터 식물이 나오듯이, 땅에게 조용하고도 확실하게 결속되지 않은 식물은 없다.

나의 작은 정원에도 봄이 온 것을 기뻐하면서 콩, 샐러드, 레세다, 겨자 따위의 씨앗을 뿌린다. 그리고 그것들에 앞서 죽어간 식물들의 잔해를 거름으로 준다. 그러면서 그 죽어 간 것들을 돌이켜 생각하고, 앞으로 피어날 식물들의 종류에 대해서도 미리 생각 한다. 모든 사람들처럼 나도 이 잘 정돈된 자연의 순환을 하나의 자명하면서도 근본적으로는 비밀스럽고 아름다운 사실로 받아들인다. 그리고 이따금 씨앗을 뿌리고 수확을 할 때면 한순간 내 마음속에는 땅 위의 모든 창조물들 가운데서 유독 우리 인간들만이 이와 같은 사물들의 순환으로부터 어딘가 제외되어 있다는 생각이 든다. 또 사물들의 덧없음에 만족하지 못하고, 우리들 자신을 위해서 개인적이고 개성적인 특별한 것을 갖고 싶어 하는 것이 너무도 이상하다는 생각이 든다.

(1908년)

〈설산 앞 하얀 집〉

꿈꾸는 정원사

(니논*을 위하여, 1933년 7월 1일)

저 경이로운 덤불 속의 꿈의 요정은 무엇을 간직하고 있을까!
무엇보다 최상의 흙을 품은 지닌 산들과
잡초 하나 자라지 않는 길을 갖고 있겠지
새를 잡아먹지 않는 고양이 한 쌍도.

분가루도 갖고 있어 그것을 흩뜨리면
곧 잎에 붙은 진딧물들은 활짝 핀 장미꽃으로 변하고
아카시아 나무는 종려나무로 변하겠지.
그것을 수확하는 우리는 이익이 많이 나는 장사를 하겠지.

---

* 니논 헤세(Ninon Hesse, 1895~1966): 헤세의 세 번째 부인이다. 두 사람은 1926년 3월부터 알기 시작했으며, 헤세가 두 번째 부인과 이혼한 후 1931년에 두 사람은 테신의 몬타뇰라에서 결혼식을 올렸다. 니논은 헤세가 사망할 때까지 함께 살면서 그를 보살펴 주었다.

아, 요정이여, 우리에게 물을 흘려보내렴.
우리가 꽃을 심고 씨를 뿌리는 모든 곳에,
결코 꽃피지 않는 시금치가 자라게 하고
스스로 굴러가는 손수레를 보내주렴!

또 한 가지, 안전한 쥐약도 보내다오,
고약한 우박에 맞설 화창한 날씨를 보내주고,
헛간에서 집까지 이르는 작은 승강기를 보내주고,
밤마다 새로 지탱할 것을 보내다오.

잔디에 드러누워

잔디에 드러누워서
나는 부드러운 풀숲에 귀를 기울인다
숲은 웅웅거리며 속삭이더니 곧
내게서 하늘을 거의 덮어버렸다.

시절이 다가오고,
나는 고뇌에 대해서는 더 이상 아무것도 모른다.
그런데도 이제는 그만이라고 하기에는
오늘도 여전히 너무나 고통스럽다.

그러자 내 뜨거운 피가
풀줄기와 토끼풀 속에서 차갑고 밝게 흐른다.
그리고 이 시간의 격한 고통은
조용하고 차갑다. 좋다.

나의 동경이 자아내는
꿈은 한 송이 꽃이 된다.

그 향기 속에서 나는 잠이 든다,
고향에 돌아온 아이가 되어.

3월

영혼이여, 슬픔을 내려놓아라,
비록 태양이 아직도 속이더라도!
보라, 심지어 농부들조차
활발히 움직이며 만족한다.

4월

이제 너의 눈을 맑게 하고
마음속에 즐거움을 품어라.
삼월에는 아직 너를 속였더라도
다정한 봄은 이제 사실이 된다.

5월

젊은이여, 가슴 속에 느껴라,
사랑의 고통과 사랑의 기쁨을.
그러나 다른 소년들보다 더 많은 감정을
가졌다고 믿지는 말아라.

로카르노*의 봄

나무꼭대기들이 어두운 불 속에서 나부끼고,
신뢰에 찬 푸르름 속에서
모든 것이 더욱 어린아이처럼 더욱 새롭게
보여주려고 열려 있다.
자주 다녔던 낡은 계단들이
환심을 사려는 듯 영리하게 산 쪽으로 뻗어 있다.
불타버린 담장에서는
때 이르게 핀 꽃들이 다정하게 나를 부른다.
산개울이 파란 냉이 풀 속을 헤집으며 흐른다.
바위들은 물방울을 떨어뜨리고 태양은 활활 타오르면서,
낯선 것은 쓴 맛이 난다는 것을
기꺼이 잊을 용의가 있는 나를 바라본다.

---

* 로카르노(Locarno): 스위스 남부 테신 주에 있는 노시로 기후기 온화하고 주변의 경치가 아름다우며, 호수가 있고 도시 배후의 산지에는 포도밭이 펼쳐져 있다.

몇 년 전까지만 해도 테신은

 몇 년 전까지만 해도 테신은 여전히 중세 같았으며 여기는 아직도 천국이고 남쪽 호수였다. 지금의 테신은 베를린과 프랑크푸르트에 의해, 요리책과 여행안내서에 의해 정복당했다. 누군가 지구상에 인구가 너무 많다는 것에 대해 확실한 이미지를 갖고 싶으면 굳이 베를린의 칼스호르스트의 경주장까지 갈 필요가 없다. 거기에는 아직도 빈자리가 충분히 남아 있을 테니까.

 루가노*에 도착한 것은 매력적인 일이 아니었다. 오래 전부터 사람들로 넘쳐나서 부활절이 되면 외지인들이 마치 메뚜기 떼처럼 몰려드는 여기서처럼 내게 역겹게 느껴진 곳이 없었다. 작은 루가노 시에서 만나는 주민의 4분의 1은 베를린에서 온 사람들이고, 3분의 1은 취리히에서, 5분의 1은 프랑크푸르트와 슈투트가르트에서 온 사람들이다. 1 평방미터 당 인구밀도는 대략 열 명이고, 매일 같이 수많은 사람들로 숨이 막힐 지경이지만 그럼

---

* 루가노(Lugano): 스위스 테신 주(州)의 도시로 헤세는 당시 그 근처의 몬타뇰라에서 살고 있었다.

에도 불구하고 사람 수가 줄어든다는 느낌은 들지 않는다. 아니, 도착하는 급행열차마다 오백 명, 천 명까지 승객들을 실어오고 있다.

이 외지인들은 물론 당연히 매력적인 사람들이다. 그들은 교육을 잘 받았고 한없이 겸손하며, 한없이 적은 것을 선호한다. 세 명이서 욕조 안에 들어가 잠을 자거나 사과나무 가지 위에 올라가서 자기도 한다. 그들은 자동차 도로에서 나는 먼지도 감사하고 감동해서 들이 마시고, 창백한 얼굴에 쓴 커다란 안경 너머로 지혜롭고 감사하는 듯한 표정으로 꽃들이 피어난 초원을 바라본다. 그 초원은 몇 년 전까지만 해도 태양 아래 자유롭고 친숙하게 펼쳐져 있었고 도보로 걸을 수 있는 작은 길들이 나 있었던 반면에, 지금은 그 사람들 때문에 주위에 철조망이 쳐져 있다. 이 외지인들, 그들은 매력적인 사람들이다. 교육을 잘 받았고 한없이 겸손하며 그들의 자동차를 타고 가다 서로 부딪쳐도 불평하지 않는다. 그리고 온종일 마을에서 마을로 돌아다니면서 빈 침대가 있는지 찾으려고 하지만 물론 헛수고다. 그들은 이미 오래 전에 사라진 테신의 전통복을 입고 있는 주점의 웨이터들을 사진 찍으면서 경탄하고, 그들에게 이탈리아어로 말을 건네 보려고 애쓴다. 그들은 모든 것을 매력적이고 매혹적인 것으로 느끼지만, 정작 자신들이 중부 유럽에 아직도 남아 있는 몇 안 되는 천국의 땅을 베를린의 교외 같은 모습으로 해마다 급속히 바꿔가고 있다는 것은 전혀 알아채지 못하고 있다. 해가 갈수록 자동차 수는 더 많아지고 호텔들은 점점 더 손님으로 차고 있어서, 아주 선량한 늙은 마지막 농부까지도 자기 목초지에 발을 들여 놓는 관광객 물결에 맞서서 철조망을 치고 있다. 그리고 목초지들은 하나씩 하나씩, 아름답고 조용했던 숲가도 하나씩 하나씩 사라져 건설현장이 되고 울타리가 둘러친다.

오래 전부터 돈과 산업, 기술, 현대 정신이 얼마 전까지만 해도 아직 매력적이던 이 풍경을 지배해 버렸고, 우리 같은 나이든 친구들, 이런 풍경을 알고 발견한 사람들은 마치 벽으로 밀쳐져 뿌리가 뽑히고 말 불편하고 유행지난 낡은 물건들과 하나로 취급되고 만다. 우리들 가운데 마지막 남은 사람은 테신에 마지막으로 남은 밤나무가 어느 건축 투기꾼의 위탁을 받아 베어지는 날, 그에 앞서 그 나무에 목을 매고 말 것이다.

그렇지만 당분간 우리는 아직은 겸손한 보호를 받는다. 첫째, 그곳에는 아직도 장티푸스가 종종 창궐하는 지역들이 있다. (작년에 내 친구 한 명이 그의 아내와 함께 그가 사는 테신의 마을에서 그 역병으로 죽었다). 그리고 둘째, 아직도 루가노의 풍경은 4월에 가장 아름답고, (여기서는 연중 거의 언제나 우기이지만) 여름에는 열기 때문에 견디기 힘들다는 말이 전해지고 있다. 아름다운 열기를 띤 여름이 우리에게 다가 오면 우선 우리는 기쁘다. 하지만 지금 봄에 우리는 한 쪽 눈을, 때로는 두 눈을 다 감고 우리의 현관문을 잠그고 닫힌 가게 뒤편에 서서 사람들이 시커멓게 줄지어 서 있는 모습을 바라본다. 벌레 떼처럼 거의 끊임없이 줄을 잇고 있는 그 무리들은 매일 같이 우리가 사는 마을들을 지나가면서 한때 진정으로 아름다웠던 풍경이 마지막 남아 있는 곳 앞에서 감동에 젖어 집단 예배를 보곤 한다.

도대체 지상은 얼마나 많은 것들로 채워져 있는가! 어느 쪽으로 눈을 돌려도 새로 지은 집들, 새로 지은 호텔들, 새로 지은 기차역들이 늘어 서 있고, 모든 것은 규모가 더 커져 가고 있으며 도처에 층층 건축물들이 세워지고 있다. 어디 지상에서 사람들 무리를 만나지 않고 한 시간이라도 산책을 하는 일은 더 이상 불가능해 보인다. 고비 사막에서도 투르키스탄에서도 그런 일은 불가능하다 […]

밖에서 앵초꽃과 아네모네가 피어나고 외지에서 온 시커먼 무리들이 들판을 휘젓고 다니는 동안에 나는 작은 독방에 틀어박혀 값진 책들을 읽는다. 오늘날 부활절이 되면 루가노에 오는 것이 유행이라서 그 사람들이 여기에 와 있는 것이다. 십 년 후에 그들은 멕시코나 온두라스에 가 있을 것이다. 아름다운 시와 이야기를 읽는 것이 유행이 되면 그 사람들은 내가 앞서 이야기한 책들을 읽으려고 몰려들 것이다. 그러나 그들은 책 읽는 일을 나한테 미뤘다. 수백 만 명의 독자들을 대표해서 내가 그 기능을 수행하고 있는 것이다. 그 대가로 나는 여름이 되어 여기에 그 악명 높은 열기가 퍼지면 다시 우리의 조그마한 숲길과 초원 길을 걸어 다니며 숨을 쉴 수 있을 것이다. 그 때가 되면 외지인들은 베를린의 집으로 돌아가 있거나 아니면 누가 알겠는가만은 어디 고산지대에 가 있을 것이다. 그들은 자신들과 같은 무리의 사람들과 마지막 남은 침대를 서로 차지하려고 다투고 그들의 자동차가 내뿜는 먼지 속에서 기침하면서 눈을 깜박거려야 할 그곳에 가 있을 것이다. 이상한 세상이다. 결코 나는 그것을 이해하지 못하리라.

(『시골로의 귀향』 중에서, 1927년)

스위스의 봄

아, 오늘은 산이 얼마나 아름다운지!
축축한 파란 하늘은 웃고 있고,
골짜기를 통해 힘차게
남쪽으로부터 거친 남풍이 불어온다.
안개 낀 하얀 표면에서 멀리 쥐라산맥*이
융단처럼 파아랗게 다가온다.
모든 알프스에는 은빛처럼 하얀 빛의
바다가 이글거리고 있다.
길고 길었던 겨울이 벌써
녹색의 언덕들을 비껴가고 있다.
난초와 용담꽃이 피어 난다. —
이제는 기뻐하여라, 나의 영혼이여!

---

* 쥐라(Jura) 산맥: 스위스와 프랑스, 독일에 걸쳐 있는 산맥으로, '쥐라기'라는 지질학상의 명칭이 유래한 곳이다.

토스카나의 봄

이제 모든 들판의 비탈을 치장하는
위대한 아네모네의 시절이 다가 온다.
따사로운 정원들에서는 레몬이 익어가고 있다.
담장들에는 김이 피어오르고 언덕들은 빛을 발한다.
나는 벌써 또 다시 실측백나무 그늘을 찾는다.
그리고 잔디 위에 굼뜨게 온 몸을 뻗고서
돗자리의 미지근한 냄새에 피로를 푼다.
피곤해진 나의 시선은 하얀 별장들과
열기가 서린 거리들, 노란 들판을 스쳐 지나간다.
내 마음은 거기에 있지 않다 — 내 마음은 조용히
보리수 향기와 독일의 너도밤나무 숲을 생각한다.

빈한한 산 중의 봄

적도 많고 사는 것도 너무나 곤궁한 산 중의 봄이지만 그래도 그것은 살아가고 일하면서 느끼고 싶어 한다! 그리고 다른 할 일이 없는 이상, 잔디와 꿀벌, 앵초 그리고 아주 작은 개미에 대해 생각할 일이 없는 한 봄은 마치 소년처럼, 있는 그대로의 얼마 안 되는 것에 만족하고 그것에 열중한다.

그리고 이제 그 소년의 가장 아름다운 유희가 시작된다. 주위에는 오두막과 아주 작은 주변 밖에는 없고 다른 것들은 모두 아직 땅속에 깊이 묻혀 있다. 그럴 때 봄은 거기 있는 그대로 유일하게 살아 있는 것, 나무들에 열중한다. 그는 판자 지붕 아래에 있는 나무와 들보와 더불어 놀고, 널빤지와 도마, 땅속줄기와 더불어 논다. 그는 그것들을 널어놓아 오후의 햇빛에 젖게 하여 건조해지게 하고, 눈 녹은 물에 젖게 해서 그것들의 잠들었던 작은 구멍들을 열리게 하기도 한다. 그러면 방금까지 죽어 있어서 변화의 흐름에서 영원히 빗이난 듯 보였던 나무는 생명을 느끼기 시작하고 나무와 태양에 대한 기억, 성장과 멀리 있는 청춘을 느끼기 시작한다. 그것은 꿈속에서 미약하게 숨 쉬고 갈망하면서 습기와 햇빛을 빨아들이고, 굳어졌던 섬유질이 뻗어가고 여기저기서 타닥타닥 소리 내며 굼뜨게 움직인다. 그리고 내가 널빤지 위에 몸을 눕히고 졸기 시작할 때, 반쯤 죽어 있던 나무들에서 놀랍게도 가볍고 내밀한 향기가 지상의 감동적인 순수함으로 가득차고 봄과 여름들로 가득 차고 이끼와 시냇물과 인근의 동물들로 가득 차 미약하고 천진난만하게 내게로 다가온다.

(『베른의 산중의 어느 농가 오두막에서』 중에서, 1914년)

봄의 정오

앵초들이 밝은 잡초 속에서 진액을 품고 솟아난다.
지빠귀 암컷이 주춤주춤 뒤쫓기고 있고,
목초지에서는 피어날 오랑캐꽃 냄새가 풍긴다.
숲 뒤편에서 마음껏 뛰노는 염소들의 날카로운 외침소리가 들린다.
이웃 농장에서는 열린 창문에서 소리가,
피아노 소리와 소녀의 음성이 울려 나온다. 그리고
내 감각과 영혼을 아주 오래된 길들을 따라
슈베르트의 가곡이 봄의 정오 한 가운데로 이끌어 간다.
이 모든 것은 영원하고 언제까지나 머물 것이다,
감미로운 인간의 노래와 취한 듯한 꿀벌의 비행,
멀리 골목길에서 바람 속에 들려오는 소년들의 외침소리,
풀밭에 황금색으로 피어난 앵초들과 부드러운 구름의 움직임.
이 모든 것은 영원히고 언제나 반복될 것이다,
대포들이 꽝꽝거리는 울림소리를 멈추고 녹슬게 되면.

계속해서 유희를 하고 노래를 부르렴, 노래하렴, 이웃 아이야,
이 사랑스런 지상과 그 봄에 경의를 표하며.

봄의 걸음

이제 또 다시 작고 투명한 눈물이 끈적끈적한 새싹에 맺혀 있다. 처음 나타난 공작나비가 태양빛을 받으며 그 고상한 융단 옷을 펼쳤다 접었다 한다. 사내아이들은 팽이와 돌로 만든 포탄을 가지고 논다. 부활절이 한 주 앞으로 성큼 다가와 있다. 도처에 멋진 소리들과 기억들로 가득 차 있다. 부활절 달걀들을 울긋불긋 현란하게 색칠했던 시절에 대한 기억, 겟세마네 동산 위의 예수에 대한 기억, 골고다 언덕 위의 예수에 대한 기억, 마태의 수난에 대한 기억이 떠오른다.

또 유년 시절에 떠올랐던 영감에 대한 기억, 처음으로 빠졌던 사랑에 대한 기억, 최초로 느꼈던 청춘의 우울함에 대한 기억도 떠오른다. 아네모네 꽃들이 습지에서 고개를 숙이고 피어 있다. 민들레꽃들이 초목의 냇가에서 풍성하게 반짝인다.

고독한 방랑자인 나는 내면의 충동과 억압을 외부 세계에서 수천 가지 음향으로 나를 둘러싸고 있는 성장의 콘서트와 구별하지 않는다. 나는 도시에서 왔다. 아주 오랜 시간이 지난 후에 나는 또다시 사람들 틈에 끼어 있었고, 어느 기차 안에 앉아 있었다. 그림들과 조형 작품들을 감상했고, 오트마르 쇠크*의 황홀하고 멋진 새로운 노래들을 들었다. 이제 즐거운 듯 가볍게 부는 바람이 내 얼굴 위로 스쳐 간다. 바람은 흔들거리며 피어 있는 아네모네 위로도 불어 간다. 그것은 내 안에 간직된 회상을 회오리바람처럼 불러일으킨다. 그럴 때 고통과 덧없음에 대한 기억이 내 혈관으로부터 의식 속으로 흘러들어 간다. 길 위에 놓인 돌이여, 너는 나보다 더 강하다! 초원에 서 있는 나무여, 너는 나보다 더 오래 견딜 것이다. 그리고 심지어 너도, 작은 딸기 덤불이여, 심지어 장밋빛을 띤 아네모네까지도 아마 나보다 더 오래 견딜 것이다.

한숨을 내쉬는 순간만큼 나는 느낀다. 여느 때보다 더 깊이 내 형태의 덧없음을 느끼고, 나 스스로 변하고 싶은 충동에 이끌린다. 나는 돌에, 땅에, 딸기 덤불에, 나무뿌리에 이끌린다. 덧없음의 표식, 땅과 물, 시든 잎사귀를 보면서 나의 갈등은 일어난다. 내일이나 모레면 나도 곧

---

* 오트마르 쇠크(Othmar Schoeck, 1886~1957): 스위스의 작곡가이자 지휘자. 그의 작품으로는 특히 낭만주의의 영향을 받아 독일 작가 하인리히 폰 클라이스트(Heinrich von Kleist)의 작품을 작곡한 '펜테질레아(Penthesilea)'가 유명하다.

〈카발리노 너머의 푸게르〉

너희들처럼 될 것이다. 나는 잎사귀이고, 땅이며, 뿌리가 된다. 더 이상 종이에다 글을 쓰지도 못하고 화려한 황금 니스 칠의 냄새도 맡지 못한다. 내 호주머니 속에 치과 의사한테서 온 청구서도 넣고 다니지 않는다. 위험스런 관리들로부터 거주 증명서를 내보이라는 요구를 듣고도 고통스러워하지 않는다. 구름이여, 하늘로 헤엄쳐 흘러가라. 냇물이여, 물결치며 흘러가라. 덤불의 잎사귀들이여, 피어나라. 나는 망각 속으로, 수천 번이나 갈망해 온 변형 속으로 침잠했다.

열 번, 백 번, 천 번, 너는 또 다시 나를 붙들고 매혹시키고 얽어맬 것이다. 언어의 세계, 견해들의 세계, 인간들의 세계여, 상승된 쾌락과 뜨겁게 끓어오르는 불안의 세계여, 너는 나를 수천 번 희열에 빠지게 하고 놀라 두렵게 할 것이다.

노래를 부르고, 신문을 보고, 전보를 치고, 부고와 신청 서류들과 온갖 대단한 허접쓰레기들로 가득 찬 세계여, 너 쾌락과 불안으로 가득 찬 세계여! 부조리한 멜로디로 가득 찬 귀여운 오페라여! 결코 더 이상 신은 없을 것이며, 너는 내게서 완전히 상실되고 말 것이다, 덧없음의 기도, 변용의 수난곡, 죽음에 대한 준비, 재탄생의 의지 따위는. 부활절은 늘 그렇게 다시 찾아올 것이다. 매번 다시 불안에 대한 즐거움과 구원을 갈구하는 불안이 될 것이다. 슬픔 없는 덧없음의 노래가 나와 함께 길을 갈 것이다, 긍정과 준비와 희망으로 가득 찬 채.

(1920년)

그리스도 수난일

구름 낀 날, 아직도 눈이 녹지 않은 숲에는
헐벗은 나뭇가지 속에서 지빠귀가 노래한다.
봄의 숨결이 겁먹은 듯 조심스레 흔들린다,
기쁨에 부풀리고 아픔에 겨워.

그처럼 말없이 풀숲에는
조그마한 사프란 꽃무리와 제비꽃들이 피어 있다.
수줍게 향기를 피우면서도 저희들도 모른다,
죽음과 축제의 향기가 나는 것을.

나무의 어린 싹들은 눈물에 가려 앞을 못보고
하늘은 근심스런 듯 낮게 드리워 있다.
그리고 모든 정원과 언덕들은
겟세마네이고 골고다가 된다.

부활절에 라디오를 듣다

 금년에도 부활절에 라디오에서 바흐의 '마테 수난곡'을 들었다. 이 성스러운 축제를 나는 매번 어딘가 다르게 경험한다. 왜냐하면 나의 소년 시절, 어머니가 준 초콜릿 조각을 그 곡의 첫 부분이 끝나기 전에 이미 먹어버리고 나서 오랫동안 아무 것도 하지 않고 조용히 앉아 있는 것에 익숙지 않아 아리아와 합창이 수없이 반복되는 것을 초조하게 참고 있던 때 시절까지 거슬러 올라가면, 지금의 이 경험에 앞서 겪었던 경험들이 너무도 많아서 그 기억들이 온통 떼 지어 몰려와 서로 헷갈리기 때문이다. […]

 모든 기독교 축제들 가운데 수십 년 전부터 오직 부활절만이 내가 아직도 경건함과 경외심을 작고 체험하는 유일한 축제다. 이 축제에는 봄의 시작이라는 소심한 달콤함은 물론, 부모님에 대한 기억과 작은 정원에 있던 라일락 덤불 밑에서 부활절 달걀을 찾던 기억이 포함되어 있다. 바하의 음악 역시 그에 못지않게 내가 견진성사를 받던 시절의 분위기, 내 부모님의 경건함에 대한 경외심과 형식적으로 교회에 묶여 있던 신앙에 대한 불쾌감과 이의 사이에서 다투던 일도 기억난다. 경외심과 저항 사이에서 이렇게 이리저리 흔들리던 일은 그토록 수십 년이 지나갔음에도 불구하고 바흐의 수난곡을 다시 들을 때마다 내 마음 속에 나직하게, 어떤 때는 비애의 음조로, 어떤 때는 아이러니컬한 음조로 다시 떠오른다. 그럴 때 나는 예수의 고난과 그가 겟세마네 동산에서 겪는 갈등에 대해서는 경외심을 느끼지만, 그 성서의 몇몇 대목에 대해서, 다시 말해 그 제자들에 대해서는 비판을 느낀다. 그들의 스승이 외로이 마지막 투쟁을 겪고 있을 때 그들은 잠들어 있었던 때문만은 아니다! 그들이 잠을 잔 것은 결국에 가서는 이해되고 용서할 수 있는 것이었다. 그 잠은 단지 견디기 힘든 것에 대한 나태와 두려움에서 생긴 것이 아니라 뭔가 유치하고 자연스러운 데서 나온 것이기도 했다. 그러나 제자 한 명은 그의 스승을 배반하고 다른 한 명, "바위"(즉 베드로)라고 불리던 제자는 그를 부정했다. 그리고 그들의 무리 속에서 기적을 광적으로 추구하고 전설을 만들어 내고 교회를 설립하면서 이간질과 서열다툼을 배제하지 않던 저 과열된 분위기가 생겨났다는 것은 내 생애의 어느 시기 동안 나로 하여금 그 제자들에 대해 매우 적대적인 편견을 갖게 하였다. 그리고 비록 오래 전이지만 이 비판적인 견해는 심지어 수난곡을 들을 때도 몇 번인가 내게서 축제의 분위기를 방해하곤 하였다. 마치 바흐의 수난곡이나 화가와 조각가들이 만든 십자가형을 당하는 군상들 속에 등장하는 제자들이 프로테스탄티즘의 교리 역사와 성서 비판 속에 등장하는 그 제자들과 똑같은 사람들이기라도 한 듯이! 베드로가 예수를 부정하는 장면에 대한 설명을 들을 때면 마치 내가 그의 두려움과 혼란 그리고 그의 공포에 찬 수치심과 후회를 예수의 고난보다 훨씬 더 잘 동감하기라도 하는 듯이! 그러나 나의 비판적인 동기로 인해 나의 예배를 그토록 방해한 것은 다름 아니라, 한 때 받았던 상처의 자국이 일으킨 경련이었다.

(『부활절 때의 비망록』 중에서, 1954년)

수선화의 향기

수선화의 향기는
원래 시큼하면서도 달콤하다,
그것이 땅 냄새와 짝을 이루어
온화한 정오의 바람에 실려
창문을 타고 조용한 손님으로 들어올 때면.

나는 그것에 대해 생각해 보았다 ―
그 꽃을 그토록 근사하게 만들어주는 것은
바로 그것이 매년 내 어머니의 정원에
맨 처음 찾아오는 것이기 때문이라고.

올 봄에 실제로 꽃이 핀 시기

 올 봄에 실제로 꽃이 핀 시기에는 비가 오지 않았다. 첫 앵초꽃이 필 때부터 첫 아네모네와 카밀레가 피어날 때까지 땅은 메마르고 먼지투성인데다 매번 집요하게 북쪽으로 불어오는 남풍에 휩쓸렸다. 밤에는 이따금 숲에서 발생한 화재가 긴 불의 대열을 이루어 산 아래로 번져 내려오는 것이 보였다. 그러나 그 모든 것에도 불구하고 단단하고 굳은 땅에서 수천 가지의 제비꽃, 사프란, 무릇류, 좁쌀풀, 광대수염들이 자라나는 것을 보면, 그것들이 작고 가냘픈 머리를 무자비한 북풍 속에 들이밀고 버티며 어떤 일이 있어도 미소 지으며 무수하게 풍성히 자라는 모습을 보면 감동과 연민을 불러일으킨다. 다만, 녹색 식물들은 숲에서나 초원에서나 뒤쳐져 자랐고, 오직 나의 작은 숲 가장자리에 난 대나무만이 그 밝고 어린 녹색을 띤 채 흔들리고 있었다.

 봄은 대다수의 나이 든 사람들에게는 좋은 시기가 아니다. 봄은 나 역시도 몹시 괴롭혔다. 가루약과 의사가 놓아주는 주사도 별 도움이 안 되었다. 통증은 풀밭에서 자라는 꽃들처럼 엄청나게 커져갔고 밤에는 견디기가 힘들었다. 그럼에도 불구하고 내가 밖에 나가 있을 수 있는 날이면 거의 언제나, 짧은 시간 동안이나마 망각하고 봄의 기적에 몰두하는 것, 그리고 이따금 황홀함과 계시의 순간들이 다가왔다. 그것들 중 어떤 것이라도 붙잡아둘 수 있다면, 이 기적과 계시를 설명하고 계속 전달할 수 있다면 가치 있는 일일 것이다. 그것들은 놀랍게 다가와 몇 초 또는 몇 분 동안 지속된다, 자연의 과정에서 어떤 하나의 과정이 우리에게 말을 걸고 또 자신을 우리에게 자신을 드러내는 이런 체험들이. 그리고 사람이 충분이 나이가 들면 그것은 마치 기쁨과 고통, 사랑과 인식, 우정, 연애, 책들, 음악, 여행 그리고 일로 가득 찼던 평생이 오직 이러한 순간들로 무르익기 위한 기나 긴 우회로였을 뿐이었던 것처럼 보인다. 그 순간들 속에서 풍경, 나무, 사람의 얼굴, 꽃의 모습으로 신은 우리에게 자신을 보여주며, 모든 존재와 사건의 의미와 가치가 드러나게 된다. 그리고 사실 추측하건대 우리도 역시 젊은 시절에 활짝 피어나는 나무, 구름의 형성, 뇌우가 이는 순간을 더 격렬하고 더 격정적으로 체험했다면, 내가 말하는 대로 바로 나이가 많이 들어서 체험하기 위해서는 이미 보아온 것, 체험한 것, 생각한 것, 느낀 것, 겪은 것들이 무한히 많이 모아져 있어야 한다. 삶의 충동은 얼마간 희석되어 있어야 하고 얼마간 노쇠하여 죽음에 가까이 가 있어야 하는 것이다. 자연의 작은 계시 속에서 신을, 정신을, 비밀을 인지하기 위해서, 그리고 대립하는 것들이 동시에 발생하는 것과 위대한 하나를 인지하기 위해서. 젊은이들도 그것을 체험할 수는 있다, 확실히. 하지만 그런 일은 드물다. 그리고 느낌과 생각, 감각적인 체험과 정신적인 체험, 자극과 의식이 이처럼 하나가 되지 않고서는 더욱 드문 일이다.

아직 우리의 봄이 메말라 있던 동안에 비가 내리고 일련의 뇌우가 치는 날들이 오기 전에 나는 종종 내 포도원의 한 장소에 나가서 머물렀다. 나는 그곳에 이 시기가 되면 아직 파서 일구지 않은 정원 땅의 한 쪽에 나의 화덕을 두고 있다. 그곳에는 정원에 이어지는 흰 가시덤불 울타리 안에 몇 년 전부터 너도밤나무가 한 그루 자라고 있었다. 처음에는 숲에서 흩뿌려 날라 온 씨앗들이 작은 관목으로 자라난 것인데, 수 년 동안 나는 그것을 그냥 임시로 그리고 조금은 탐탁시 않은 마음으로 그냥 서 있게 놔두었다. 나는 그 하얀 가시가 마음에 걸렸었다. 하지만 그 후에 그 작고 강인한 겨울 너도밤나무가 아주 멋지게 자라나자 나는 마침내 그것을 받아들였고 이제 그것은 이미 작고 굵은 나무가 되었으며 오늘은 두 배나 더 사랑스럽다. 인근의 숲 전체에서 내가 좋아하는 나무였던 오래 된 강인한 너도밤나무가 얼마 전에 베어버려졌기 때문이다. 톱으로 잘라진 그 둥치의 부분들이 아직도 원통형 북 같은 모양으로 숲 위에 무겁고 둔중하게 누워 있다. 그 너도밤나무의 새끼가 아마도 내 작은 나무인 것 같다.

나의 작은 너도밤나무가 강인하게 그 잎사귀들을 붙들고 있는 모습은 나를 즐겁게 했고 나에게 감탄의 마음이 생기게 했다. 모든 것이 오래 전부터 민숭민숭해져 있을 때에도 그것은 여전히 그 시든 이파리들을 걸치고 있었다. 십이월, 일월, 이월을 거쳐 가면서 폭풍이 그것을 이리저리 쏠리게 하고 그 위로 눈이 내렸다 다시 거기에서 녹아 떨어져 내릴 때도, 그 메마른 잎사귀들이 처음에는 짙은 갈색이었다가 점차 더 밝아지고 더 가늘어지고 더 비단같이 부드러워져도 나무는 그것들을 떠나보내지 않는다. 그것들은 어린 싹들을 보호해줘야 하는 것이다. 그리고 나서 봄이 될 때마다 언젠가 기대했던 것보다 매번 더 늦게, 그리고 어느 날 그 나무는 변해 있었다. 오래 된 이파리들을 잃어버리고 그 대신 습기를 머금은 부드러운 싹들이 새로이 위에 피어 있었다. 이번에는 내가 이

〈남쪽에서〉

변화의 증인이 되었다. 그것은 비가 내려 그곳 풍경이 녹색으로 신선하게 변한 뒤 얼마 안 가서, 사월 중순 경 오후에 한 시간 동안 그러했다. 올 해 나는 아직도 뻐꾸기 우는 소리를 듣지 못했고 초원에 수선화가 피어 있는 것을 발견하지 못했다. 며칠 전 나는 아직도 강한 북풍이 부는 가운데 여기에 와서 서 있었다. 몸을 떨면서 옷깃을 높이 세우고 서 있었다. 그리고 그 너도밤나무가 살을 에는 듯한 바람 속에서도 의연하게 서 있으면서 거의 작은 이파리 하나도 잃지 않는 것을 경탄의 눈으로 바라보고 있었다.

그리고 오늘, 지금 나는 나의 화덕 곁에 바람이 멈춘 부드럽고 따스한 가운데 서서 장작을 자르고 있는 동안에 그 일이 일어나는 것을 보았다. 바로 나직하고 부드러운 바람이 한 줄기, 마치 단 한 가닥의 숨결처럼 불어오자 그토록 오랫동안 몸을 아껴 온 이파리들이 스스로의 인내에 지쳐, 스스로의 저항과 용기에 지쳐, 소리 없이, 가벼이 그리고 기꺼이 흔들리는 것이었다. 대 여섯 달 동안 붙들고 저항해 온 것이 불과 몇 분 동안에 아무것도 아닌 것에, 한 줄기 바람에 굴복하고 만 것이다. 그 까닭은 이제 때가 되어서 쓰라린 인내가 더 이상 불필요했기 때문이다. 그것들은 흩날리고 팔락거렸다. 미소를 지으며, 무르익어 투쟁이 필요 없이. 바람은 그처럼 가늘어져 가벼운 작은 나뭇잎들을 멀리 불어 날리기에는 너무 약했다. 그것은 겨우 들리는 빗소리처럼 아래로 솔솔 불어내리면서 작은 나무 밑의 길과 풀들을 뒤덮었다. 그 나무의 싹들 가운데 몇 개는 피어나 녹색으로 변해 있었다. 이 놀랍고도 감동적인 광경 속에서 이제 나에게 계시된 것은 무엇일까? 그것은 죽음, 겨울 이파리의 가볍고 기꺼이 이행된 죽음이었을까? 그것은 삶, 갑자기 깨어난 의지에게 여지를 준 새싹이 재촉하듯 환호하는 청춘이었을까? 그것은 슬픈 것이었을까, 즐거운 것이었을까? 그것은 나에게, 팔락거리다가 떨어져 버려도 그냥 내버려두라고 이 늙은이에게 주의를 준 것이었을까? 어쩌면 내가 젊은이와 더 강한 사람들에게서 삶의 여지를 빼앗은 것에 대한 경고였을까? 아니면 그것은 나더러 그 너도밤나무 이파리처럼 가능한 한 오랫동안 끈질기게 두 다리로 버티고 있으라고, 나를 지탱하면서 저항하라고 하는 요구였을까? 그래야만 올바른 순간에 이별이 쉽고 유쾌한 것이 될 수 있도록 하기 위해서? 아니, 그것은 모든 관조(觀照)가 그렇듯이 위대하고 영원한 것, 대립된 것들의 붕괴, 그것들이 현실의 불길 속에 녹아드는 것을 보여준 것이었다. 그것은 아무것도 의미하지 않았고 아무 것도 경고하지 않았다. 오히려 그것은 모든 것을 의미했고 존재의 신비로움을 의미했다. 또한 그것은 아름다웠고 행복이었고 의미였으며, 바흐의 음악을 듣는 귀, 세잔의 그림을 보는 눈처럼 바라보는 자를 위한 선물이자 습득물이었다. 이러한 이름들과 해석들은 체험이 아니었다. 그것들은 나중에야 온 것이고, 체험 자체는 그냥 드러난 것, 기적, 비밀이었다. 진지하면서 아름답고, 엄격하면서도 사랑스러운. —

그 사이 하얀 가시 울타리 근처의 같은 장소에, 그리고 너도밤나무 가까이에 세계가 녹음으로 무르익고 부활절 일요일에 최초의 뻐꾸기 소리가 우리 숲에 울려 퍼졌을 때, 이미 봄에서 여름으로 넘어갈 준비를 하며 미지근하게 습기가 돌고 날씨 변화가 심하고 바람이 불며 뇌우가 치던 어느 날, 마치 비유적인 광경을 바라보듯 눈으로 체험하고 있는 가운데 위대한 비밀이 나에게 말을 걸어왔다. 때는 하늘에 구름이 무겁게 드리워져 있었지만 그럼에도 불구하고 매번 다시금 현란한 햇빛이 골짜기의 싹이 트는 녹지 위로 비치고 있었는데, 그 하늘 위에 거대한 구름의 장관이 펼쳐지고 있었다. 바람이 모든 방면에서 동시에 불고 있었지만 주로 남북 방향으로 움직이고 있었다. 불안과 격정의 강한 긴장이 대기를 채우고 있었다. 그러한 장관이 펼쳐지고 있는 한 가운데에 갑자기 다시 내 시선을 강요하면서 서 있는 한 그루의 나무가 있었다. 젊고 멋진 나무였는데 이웃집 정원에 서있는 잎들이 신선한 포플러나무였다. 그것은 마치 로켓처럼 우뚝 서 있었는데 바람에 탄력적으로 나부끼고 있었고 나무 꼭대기는 뾰족이 솟아올라 있었다. 잠시 바람이 멈출 때는 실측백나무처럼 바짝 닫힌 모습이었고, 바람이 세어지면 수백 개의 가늘고 서로 가볍게 뒤얽힌 가지들을 흔드는 몸짓을 했다. 그 웅장한 나무 꼭대기는 이리저리 움직이면서 부드럽게 반짝이면서 살랑거리는 이파리들과 함께 버티고 서 있었다. 자신의 힘과 푸르른 젊음을 기뻐하고 있고 저울의 추처럼 나직한 소리를 내며 흔들리고 있었다. 방금 전에 마치 희롱하는 듯 구부러지고 있는 모습이었다가 지금은 재빨리 고집스럽게 원래 모습으로 되돌아갔다. (훨씬 나중에 가서야 나는 수십 년 언젠가 열린 감각으로 바로 어느 복숭아나무 가지에서 이런 유희가 펼쳐지는 것을 관찰하고서 '꽃피는 가지'라는 시로 묘사했던 일이 생각났다.)

즐겁게 두려움도 모르고 또 아주 변덕스럽게 그 포플러나무는 가지와 이파리들을 강하게 불어오는 습한 바람에 내맡기고 있었다. 그러면서 그 나무가 뇌우가 치는 날에 노래하는 것, 뾰족한 나무 꼭대기로 하늘에다 대고 쓰고 있는 글씨는 아름답고 완벽했으며, 진지하면서도 쾌활하고 수동적이면서도 능동적이고, 운명이면서도 유희였다. 그것은 또 다시 모든 대립과 대립적인 의미들을 내포하고 있었다. 나무를 그토록 흔들어대고 구부러지게 만들 수 있다 해서 바람이 승리자이고 강한 것은 아니었다. 아무리 굽어져도 탄력적으로 승리를 구가하듯 다시 재빨리 되돌아갈 수 있다 해서 나무가 승리자이고 강한 것도 아니었다. 그것은 양쪽이 벌이는 유희였고, 움직임과 고요함, 하늘과 지상의 힘들이 이루는 조화였다. 폭풍 속에서 끊임없이 일어나는 움직임이 풍성한 나무꼭대기에서 벌어지는 춤은 단지 하나의 영상이었으며, 강함과 약함 너머, 선과 악의 너머, 능동과 수동의 너머로 단지 세계의 비밀이 드러나는 것이었다.

나는 잠시 동안, 한 순간의 영원 동안 그 속에서 여느 때 같으면 비밀스럽게 닫혀 있던 것들이 순수하고 완전하게 드러나는 것을 읽었다. 내가 아낙사고라스*나 노자(老子)를 읽었을 때보다 더 순수하고 더 완벽하게. 그리고

---

* 아낙사고라스(Anaxagoras, BC 500~BC 428): 고대 그리스의 자연철학자로 천체의 현상과 우주 만물을 자연적인 방법으로 이해하려 했으며, 세계는 질(質)적으로 무한히 다양한 원소로 이루어졌다고 보았다. 그리스의 수도 아테네로 이주해 자연철학을 소개했으나 당시에는 인정을 받지 못했다.

여기서도 또 다시 내게는 이러한 영상을 바라보고 이러한 글씨를 읽기 위해서 봄의 한 시간이 선물로 주어져야 했을 뿐 아니라, 수많은 세월 동안 이리저리 헤매고 다니던 일, 어리석음과 체험, 기쁨과 고통들이 필요했던 것으로 보였다. 그리고 나에게 이런 광경을 선물해준 그 다정한 포플러나무가 전혀 경험이 없고 아무것도 예감하지 못하는 천진한 소년처럼 느껴졌다. 그 나무는 아직도 수많은 서리와 눈이 내려 괴롭힘을 당해야 하고 수많은 폭풍에 시달리고 또 수많은 번개를 맞아 상처를 입어야 하는 것이다. 마침내 어쩌면 그 나무에게도 바라보고 귀를 기울일 능력이 생기고 위대한 비밀을 열망하게 될 때까지. ―

(『4월의 편지』 중에서, 1952년)

꽃이 핀 가지

언제나 이리 저리
꽃이 핀 가지는 바람 속에서 애쓴다.
늘 되풀이하여
나의 마음은 어린애처럼 애쓴다,
밝고 어두운 날들 사이에서,
소망과 좌절 사이에서.

꽃잎이 시들고
가지가 열매를 맺을 때까지,
마음이 유년 시절에 만족하고
안정을 찾아
즐거움에 가득 찬 인생의 쉴 새 없는 유희는
헛된 것이 아니었다고
고백할 때까지.

예배당

작은 처마가 붙어 있는 장미처럼 붉은 색의 예배당은 선량하고 섬세하며 경건한 느낌을 지닌 사람들이 지은 것임이 틀림없다. 나는 오늘날에는 경건한 사람이 거의 없다는 말을 듣곤 했다. 그건 오늘날에는 음악도 없고 파란 하늘도 더 이상 없다고 말하는 것과 마찬가지다. 내 생각에 경건한 사람들은 많이 있다. 그러나 나 자신은 늘 경건하지는 않았다.

경건함에 이르는 길은 사람마다 다른 것 같다. 나에게 있어 그 길은 많은 오류와 고통을 지나고 자학을 넘어 어리석음을, 어리석음의 원시림을 지나가는 것이었다. 나는 자유정신의 소유자였고 경건함은 영혼의 병이라고 알고 있었다. 나는 고행자였으며 나의 살 속에 못을 박았었다. 나는 경건함이란 건강함과 명랑함을 의미한다는 것을 모르고 있었다.

경건하다는 것은 다름 아닌 신뢰다. 신뢰는 단순하고 건강하고 천진난만한 사람이 갖고 있는 것, 어린아이가, 미개한 사람이 갖고 있는 것이다. 단순하게 천진난만해질 수 없는 우리 같은 사람들은 우회로에서 신뢰를 찾아야만 했다. 너 자신에 대한 신뢰가 바로 그 시작이다. 앙갚음과 죄의식, 양심의 가책으로는, 고행과 희생으로는 신뢰를 얻을 수 없다. 앞서의 노력들은 모두 우리의 바깥에 존재하는 신들을 향하는 것이다. 우리가 믿어야 할 신은 우리 자신 안에 있다. 자기 자신을 부정하는 사람은 신을 긍정할 수가 없다.

아, 이 나라 안에 있는 온유하고 내밀한 예배당들이여! 너희들은 내가 믿는 신이 아닌 신의 표식과 비문들을 지니고 있다. 너희를 찾아오는 신자들은 내가 알지 못하는 말로 기도를 드린다. 그럼에도 불구하고 나는 떡갈나무 숲이나 산의 초원에서 기도를 드리는 것과 똑같이 너희 예배당들 안에서도 기도를 드릴 수 있다. 너희는 젊은 사람들이 부르는 봄의 노래처럼 녹색에서 생겨나거나, 노란색 또는 하얀색 아니면 분홍색에서 생겨날 수 있다. 너희가 있는 곳에서는 어떤 기도도 허용되며 신성하다.

기도는 노래와 마찬가지로 성스러운 것이며 치유해 준다. 기도는 신뢰이고 확인해주는 것이다. 진실하게 기도하는 사람은 간절히 부탁을 하는 것이 아니라 단지 자신의 상황과 곤궁함을 설명하는 것이다. 그는 자신의 고뇌와 감사를 마치 어린아이들이 노래하듯 혼자 중얼거린다. 이탈리아 피사의 교회 마당에 오아시스와 사슴들 사이에 있는 모습으로 그려진 성스러운 은둔자들도 그렇게 기도했다. 그것은 세상에서 가장 아름다운 그림이다. 나무들도, 동물들도 그렇게 기도한다. 좋은 화가가 그린 그림들에는 어떤 나무나 산도 기도를 드리고 있다.

경건한 프로테스탄트 집안 출신인 사람은 이 기도에 이르기까지 먼 길을 찾아 돌아와야 한다. 그는 양심의 지옥을 알고 자기 자신이 무너지는 것 같은 죽음의 상처를 알고 있으며, 온갖 종류의 분열, 고통, 절망을 경험한 사람이다. 그 걸어온 길의 나중 끝에 가서 그는 자신이 그 가시밭길 위에서 그토록 찾았던 행복이 얼마나 단순하고 천진난만하고 자연스러운 것이었는지 보고 놀라게 된다. 그러나 그 가시밭길을 걸은 것도 헛된 일은 아니었다. 그 길을 거쳐 귀향한 사람은 늘 고향에 머물러 있던 사람과는 다른 사람인 것이다. 그는 더 내밀해졌으며 정의(正義)와 미망으로부터 자유롭다. 정의는 고향에 머문 사람들이 내세우는 미덕이며 낡은 미덕, 원시 인간의 미덕이다. 우리 같은 후세의 사람들은 그것을 사용할 수 없다. 우리가 알고 있는 행복은 단 하나, 바로 사랑이다. 그리고 알고 있는 미덕도 단 하나, 그것은 신뢰이다.

내가 너희 예배당들에게서 부러워하는 것은 너희들을

찾아오는 신자들, 너희들의 교회공동체다. 기도하는 수백 명의 신자들이 너희에게 그들의 고통을 호소하며, 수백 명의 아이들이 너희의 문들을 화환으로 장식하고 너희 안에 촛불을 가져다 놓는다. 그러나 우리들의 신앙, 멀리 여행을 했던 사람들의 경건함은 고독하다. 옛 신앙을 가진 사람들은 우리의 동료가 되고 싶어 하지 않으며 세상의 흐름은 우리가 머무는 섬을 멀리 지나쳐 간다.

나는 인근에 있는 목초지에서 꽃들을 땄다. 앵초, 클로버, 미나리아재비를. 그리고 그것들을 예배당에 가져다 놓았다. 나는 예배당 처마 밑에 나 있는 흙벽 위에 앉아 아침의 고요함 속에서 나의 경건한 노래를 흥얼거렸다. 내 모자는 갈색 담벼락 위에 놓여 있고 파랑나비 한 마리가 그 위에 내려와 앉았다. 멀리 골짜기에서는 기차가 지나가면서 가늘고 부드럽게 기적소리를 내고 있다. 덤불들 위에서는 여기저기 아침 이슬이 반짝이고 있다.

(『방랑』 중에서, 1918년)

꽃잎이 가득 핀

꽃잎이 가득 핀 복숭아나무가 서 있다.
모든 꽃잎이 다 열매를 맺지는 않으나,
꽃들은 부드럽게 마치 장미의 거품처럼
하늘의 푸르름과 구름 사이로 반짝거린다.

꽃잎처럼 생각도 피어오른다,
매일 같이 수백 송이씩
피어나도록 두자, 사물이 되어 가는 대로 두자,
수확에만 매달리지 말자!

유희도 하고 순진무구하게
넘치도록 꽃잎을 피워보기도 하자.
그렇지 않다면 세상은
우리한테는 너무도 초라하고
삶에는 아무런 즐거움도 없으리.

작은 기쁨

우리가 사는 시대에 민중의 대다수는 기쁨도 없고 사랑도 없는 어리석음 속에서 삶을 보낸다. 섬세한 정신을 지닌 사람들은 우리의 비예술적인 생활형태를 억압적이고 고통스러운 것이라고 느끼면서 그런 삶의 나날에서 물러선다. 미술과 시에서는 단기간의 사실주의 시대 이후로 도처에서 불만족을 느낄 수 있는데, 그 가장 분명한 징후로 나타난 것이 르네상스와 신낭만주의에 대한 동경이다.

"너희에게는 신앙이 부족하다!"라고 교회는 외치며, "너희에게는 예술이 부족하다!"라고 아베나리우스*는 외친다. 뭐, 그렇다고 하자. 내 말은, 우리에게는 기쁨이 부족하다는 뜻이다. 고양된 삶의 약동, 삶을 기쁜 일, 즉 축제로 이해하는 것, 바로 그것이 근본적으로 르네상스가 우리에게 매력을 주는 이유다. 우리의 삶의 형태 가운데 가장 중요한 원인으로 인식되는 바쁜 순간이야말

---

* 아베나리우스(Richard Avenarius, 1843~1896): 독일의 철학자로 주관적 관념론을 주창했다.

로 의심할 여지없이 기쁨에게는 가장 위험한 적이다. 우리는 지나간 시대들의 목가적(牧歌的)이고 감성적인 여행담을 읽을 때면 향수에 젖은 듯한 미소를 짓곤 한다. 우리의 조상들은 무엇 때문에 시간에 쫓기곤 했던 것일까? 나는 언젠가 프리드리히 슐레겔*이 쓴 한가함에 대한 선시(選詩)들을 읽으면서 다음과 같은 생각이 떠오르는 것을 금할 수 없었다.

'우리가 하는 일을 만약 네가 했더라면 너는 얼마나 한숨을 내쉬었겠는가!'

오늘날 우리가 살아가면서 이렇게 바쁘게 움직이는 것이 우리가 일찍이 교육을 받은 시절부터 줄곧 공격적으로 불리한 영향을 미쳤다는 것은, 슬픈 일이지만 어쩔 수 없는 일이기도 하다. 그러나 안타깝게도 이런 바쁜 현대 생활은 이미 오래 전부터 우리의 작은 여가 시간마저 빼앗아가고 말았다. 우리가 여가를 즐기는 방식마저도 우리가 일을 할 때보다 덜 신경이 쓰이거나 덜 소모적인 것이 아니다.

---

* 프리드리히 슐레겔(1772~1829): 독일 낭만파의 문학자이자 사상가. 처음에는 그리스의 고전적 세계관의 영향을 받았으나, 나중에 가서 독일 낭민주의 사상의 선구자가 되어 개인 중심적인 공상의 자유, 신비, 무위(無爲), 감성 등을 낭만적인 것으로 보고 옹호하였다.

'될 수 있는 한 많이, 그리고 될 수 있는 한 빠르게'라는 것이 우리의 신조가 되었다. 그 결과 쾌락은 점점 더 많아졌고 기쁨은 점점 더 줄어들었다. 어느 도시, 심지어 대도시에서 벌어지는 거창한 축제를 구경하거나 현대 도시의 유흥장소를 구경해본 사람은, 경직된 눈에 열에 들뜬 듯 뜨겁게 달아올라 일그러진 모습들이 고통스럽고도 역겹게 기억 속에 달라붙는다. 이처럼 병적으로 영원히 만족하지 못한 채 고통 받으면서도 그치지 않고 영원히 즐기려고 하는 태도는 극장이나 오페라 하우스, 심지어 콘서트홀이나 그림 전시장 안에서도 나타난다. 현대적인 미술 전시회를 방문하는 것도 이제 즐거운 일이 되는 것은 드물어졌다.

부자라고 해서 이런 불쾌한 경험에서 벗어나는 것은 아니다. 그들은 벗어날 수도 있을 것 같지만 사실은 그러지 못한다. 그들은 다른 사람들이 하는 대로 함께 따라하고, 하던 일을 늘 해야 하며, 최고의 지위를 지켜야 되기 때문이다. 이런 폐해를 치유할 수 있는 일반적인 처방을 다른 사람들이 모르고 있듯이 나도 알지 못한다. 나는 다만 아주 오래된, 아쉽게도 아주 비현대적이며 개인적으로 알고 있는 한 가지 방식을 기억에 떠올리고 싶다. 그것은 바로 '적당한 즐거움이야말로 두 배의 즐거움'이라는 것이다. 그리고 또 '사소한 기쁨들을 간과하지 말라!' 는 것이다.

말하자면 절제하는 것이다. 사회의 어느 계층에서는 새로 나온 연극을 꼭 보아야 할 필요가 없다고 생각하려면 용기가 필요하다. 또 어느 계층에서는 새로운 문학작품이 발간된 뒤에도 몇 주일 동안 모르고 지내려면 용기가 필요하다. 대다수 계층에서는 만약 오늘 발간된 신문을 바로 읽지 않으면 웃음거리가 된다. 그러나 나는 이런 용기를 가진 데 대해 후회하지 않는 몇몇 사람을 알고 있다.

비록 극장에 정기적으로 좌석을 예약해두었지만 이 주일에 한 번 정도만 그것을 이용하더라도 뭔가를 잃어버린 것처럼 생각하지 않는 사람은 내가 장담하건대 뭔가 얻을 것이 있을 것이다.

수많은 그림을 보는 데 익숙해진 사람이, 만약 언젠가 한 시간 또는 그 이상 시간을 내어 하나의 대작에만 눈을 돌려 그것을 감상하는 것으로 이날 하루를 즐길 수 있다면 그는 거기서 얻는 것이 있을 것이다.

독서를 많이 하는 사람들 또는 그와 비슷한 사람들도 마찬가지로 시도해 보라. 그들은 새로 나온 것에 대해 함께 이야기하는 데 끼지 못하게 되어서 몇 번은 화가 나겠지만, 그러나 얼마 안 가서 스스로 미소를 짓고 더 많이 알게 될 것이다. 그리고 어떤 것에도 자신을 제한할 줄 모르던 사람이라 할지라도, 적어도 일주일에 한 번은 저녁 열 시에 잠자리에 드는 습관을 가지려고 애써 보아라. 그러면 이 잃어버린 약간의 시간과 쾌락을 대신해 주는 상쾌함을 느끼면서 놀라워할 것이다.

'작은 기쁨'을 누리는 능력은 절제를 지키는 습관에서 나온다. 왜냐하면 이런 능력은 원래는 누구나 타고 난 것으로 현대의 일상생활에서 많이 왜곡되고 잃어버린 것들이기 때문이다. 그것은 다름 아닌 얼마간의 유쾌함, 사랑 그리고 서정성 같은 것이다. 이런 작은 기쁨들은 이른바 가난한 사람들에게 주어진 것으로, 아주 눈에 띠지도 않고 일상생활 속에 아주 많이 흩어져 있어서 일에만 열중하는 수많은 사람들의 둔한 감성으로는 그런 것들을 거의 느끼지 못한다. 그것들은 눈에 띠지도 않고, 찬사를 받지도 않으며, 돈도 들지 않는다! (그런데 이상하게도 가난한 사람들조차 가장 아름다운 기쁨들은 전혀 돈이 들지 않는다는 것을 알지 못한다.)

이런 기쁨들 가운데 가장 으뜸이 되는 것은 우리가 매일 같이 자연을 접할 때 느끼는 기쁨이다. 특히 우리들의 눈, 너무 많이 남용되고 너무 많은 일을 해야 하는 현대인의 눈은 마음만 먹는다면 무한히 많은 즐거움을 누릴 능력이 있다. 내가 아침에 일을 하러 갈 때면, 매일 같이 나처럼 일하러 서둘러 가거나 나를 향해 걸어오는 수많은 다른 사람들은 막 잠자리에서 기어 나와 추위에 떨면서 빠른 걸음으로 길을 건너간다. 대다수 사람들은 서둘러 가면서 그들의 시선은 길바닥만 주시하거나, 아니면 기껏해야 스쳐 지나가는 사람들이 걸친 옷이나 얼굴만 쳐다본다.

머리를 높이 들어라, 친구들이여! 한 번 시도해보라. 어디서나 한 그루의 나무 또는 적어도 한 줌의 멋진 하늘을 볼 수 있다. 굳이 파란 하늘이어야 하는 것은 아니다. 어떤 식으로든 하늘의 햇빛은 늘 느낄 수 있다. 아침마다 잠시 동안 하늘을 쳐다보는 습관을 가져라, 그러면 갑자기 그대들의 주위에 감돌고 있는 공기를, 잠에서 깨어나 일터로 가는 도중에 만나는 신선한 아침의 숨결을 느끼게 될 것이다. 매일 매일, 그리고 각각의 지붕마다 그 고유한 모습을 띠고 있으며, 그마다 특별한 빛을 발하고 있음을 발견하게 될 것이다.

조금만 그것에 주의를 돌리면 그대들은 하루 종일 마음이 편안해지고, 사연과 조금이라도 함께 하며 휴식을 가질 수 있을 것이다. 서서히 그대들의 눈은 힘들이지 않고도 스스로 수많은 작은 유혹들을 알아채서 중재해주고, 자연을, 거리들을 관찰하고 작은 생명들이 꿈틀거리는 무수한 재미있는 모습들을 이해하는 법을 익히게 될 것이다. 그렇게 시작해서 예술가적으로 훈련된 눈을 가지기까지 이미 절반 정도의 길을 간 셈이다 중요한 것은 시작이다. 눈을 크게 뜨고 바라보는 것이다.

한 조각의 하늘, 초록 빛 나뭇가지들로 덮인 정원의 담장, 튼튼한 말, 멋진 개 한 마리, 모여 있는 몇몇 어린아이들, 아름다운 여성의 머리 모양 ― 그 모든 것들을 우리는 놓치지 말자. 자연을 바라보기 시작한 사람은 거리를 걸어가면서도 단 일 분도 허비하지 않고 소중한 것들을 바라볼 수 있다. 그때는 이렇게 바라보아도 눈이 피곤해지지 않으며 오히려 더 강해지고 더 맑아진다. 눈만 그런 것이 아니다. 모든 사물은 흥미 없게 보이거나 흉측한 모습으로 보이더라도 그 나름대로 생생한 면을 갖고 있다. 다만 그것을 보려는 마음이 있어야 한다……

내가 오랫동안 머물며 작업을 하던 집 맞은편에 여학교가 하나 있었다. 약 열 살 쯤 되어 보이는 반 아이들이 나와서 노는 학교 운동장이 우리 집 쪽으로 나 있었다. 나는 열심히 일을 해야 했는데 아이들이 놀면서 내는 소음 때문에 매번 고통스럽기는 했지만, 이 놀이터로 시선을 한 번 돌리면 얼마나 많은 기쁨과 생활의 활기가 나에게 주어졌는지 말로 표현할 수 없다. 이 아이들이 입고 있던 다채로운 색깔의 옷들, 활기 있고 재미있는 눈망울들, 날렵하고 힘찬 움직임들은 내 안에서 삶에 대한 활기를 드높여주었다. 근처에 승마 학교나 양계장이 있었더라도 아마 나한테는 비슷한 효과를 발휘했을 것이다. 집의 벽과 같은 단색의 평면 위에 빛이 비치면서 내는 효과를 한 번쯤 관찰해 본 사람이라면, 눈이 얼마나 만족해하고 즐길 능력을 갖고 있는지 알고 있다.

우리는 이 정도의 예를 드는 것으로 만족하자. 많은 독자들은 분명 이미 또 다른 많은 작은 기쁨들이 머리에 떠올랐을 것이다. 이른바 꽃이나 열매에서 나는 특별한 향기라든가, 자신의 목소리나 낯선 목소리를 들을 때 또는 아이들이 나누는 대화를 엿들을 때 느끼는 특별한 기쁨 같은 것 말이다. 어떤 가락을 흥얼거리거나 휘파람으로 부는 것도 이런 기쁨에 속한다. 수천 가지의 사소한 일들에서 우리는 작은 기쁨들을 찾아 내 밝게 꿰어서 우리의 삶을 엮어갈 수 있다. 날마다 작은 기쁨들을 될 수 있으면 많이 경험하고, 좀 더 크고 노력이 들어가는 즐거움은 아껴두었다가 휴가 때와 좋은 날에 나눠서 맛보라고 — 이것을 나는 시간이 부족하고 재미가 없어서 괴로워하는 모든 사람들에게 권하고 싶다. 무엇보다도 기분 전환을 하고 일상적으로 구원을 얻고 짐을 벗기 위해서 우리에게 주어진 것은 큰 기쁨들이 아니라 작은 기쁨들인 것이다.

(1899년)

구름

구름이, 조용한 배들이
내 머리 위로 흘러가면서 나를 자극한다,
부드럽고 경이로운
색채의 베일을 쓰고서 기묘하게.

파아란 공기 속에서 솟아난
색채를 띤 아름다운 세상,
그것은 비밀스런 매력으로
종종 나를 사로잡는다.

가볍고 밝고 맑은 거품들,
모든 지상적인 것에서 벗어나 있으니,
혹 너희들은 오염된 지상이 가지는
아름다운 향수의 꿈이 아닌가?

봄은 나의 친구가 아닙니다

봄은 나의 친구가 아닙니다, 나는 봄이 되면 언제나 더 많은 곤경에 처하는 저 나이든 사람들에 속합니다. 그런데도 봄은 또 다시 무한히 아름답습니다.

(『바르트홀트 헤세에게 보낸 편지』 중에서, 1953년 3월)

봄은 나의 계절이 아닙니다

봄은 나의 계절이 아닙니다. 그리고 나이가 들어가면서 그것은 점점 더 불편해집니다. 재미삼아 최근에 나는 다음과 같은 글을 썼습니다.

어린아이라면 누구나 알고 있다, 봄이 무엇을 말하는지.
살아라, 성장하라, 꽃피워라, 소망하라, 사랑하라,
즐거워하고 새로운 충동을 좇아라,
너를 헌신하고 삶을 두려워하지 마라!

노인이라면 누구나 알고 있다, 봄이 무엇을 말하는지.
할아버지, 당신을 매장해요,
당신의 자리를 활기 찬 소년들에게 내주어요,
당신을 헌신하고 죽음을 두려워하지 말아요!

(『알프레드 쿠빈에게 보낸 편지』 중에서, 1932년)

꽃들도 역시

꽃들도 역시 아무런 죄 없이
죽음의 고통을 겪는다.
우리도 역시 본질은 순수하지만,
스스로 이해할 수 없는 데서조차
오직 고통만을 겪는다.
우리가 죄라고 부르는 것은
태양에 의해 흡수되고,
순수한 꽃들의 꽃받침에서는 오래 전부터
우리를 향해 향기와 감동적인
어린아이 같은 시선이 다가오고 있다.

1915년* 봄에

때때로 나는 우리의 시대가
눈을 뜬 것처럼 환하게 열려 있는 것이 보인다.
실패로 돌아간 광기에서
나는 원천이 하나씩 쓰러지는 것이 보인다.
그리고 자신의 십자가에서 일어난
구세주가 위대하고 창백하게
모든 전쟁 너머로
영원한 사랑의 왕국을 설교하는 것이 보인다.
때때로 나는 오직 시꺼먼 증오,
분노에 사로잡힌 인간의 몸뚱이,
끝없이 나약한 영혼들이,
공허한 눈으로 응시하는 것 밖에 보이지 않는다.
그리고 가련한 사랑의 신은 방황한다,
모든 것이 어두워지기 전에,

---

* 헤세는 1915년 제1차 세계대전이 한창 진행 중이던 시기에 전쟁의 고통과 비참함을 주시하면서도 자연에서 봄이 찾아오는 것은 아무것도 막지 못한다는 것을 묘사하고 있다.

피로 물든 들판 위를 불안과 추위가 떨면서.
그러나 새로운 꽃들을
우리의 초원은 매일 같이 피어나게 해 준다.
지빠귀의 날갯짓이
느릅나무 속에서 달콤하게 취한 듯 움직이고,
세계는 살육에 대해서 아무 것도 모른다.
그리고 세계는 어린아이가 되었다.
그래서 우리는 당황하여 숨을 죽인 채
불안과 고통과 죽음을 더 이상 이해하지 못한다.

세상은 암울해 보입니다

세상은 암울해 보입니다. 그러나 봄이 옵니다. 그러면 모든 꽃들에게서 영원한 쾌활함이 우리를 향해 웃어 보이지요.

(『헤네트 남작부인에게 보낸 편지』, 1941년)

봄을 견뎌내고 싶습니다

봄을 견뎌내고 싶습니다. 그것은 나이가 들어가는 사람들에게는 가장 위험한 계절입니다.

(프리드리히 미하엘*에게 보낸 편지 중에서, 1935년)

---

* 프리드리히 미하엘(Friedrich Michael, 1892~1986): 독일의 작가이자 출판인.

하늘에 쓰인 봄의 소식

하늘에는 곧 봄이 올 기미가 쓰여 있는 것을 몇 시간 동안이고 읽을 수 있다. 그러다가 거기에 형태 없이 떠 있던 잿빛 구름 사이에서 지상적인 것이 아닌 듯한 파란색이 수줍게 감돈다. 젊은 사람들의 마음을 흔들고 우리같이 나이든 사람들을 몹시 불안하게 만드는 위험하면서도 경이로운 광경이다. 사람은 나이가 들면 봄을 좋아하지 않는다. 해가 거듭될수록 왜 이 교묘한 계절이 나이든 사람들에게 그토록 나쁜지, 그러면서도 왜 봄이 나이든 사람들에게 또 그토록 아름다운 죽음의 시기인지를 느끼게 된다.

바로 그 때문에 나는 몇 년 전부터 봄이 시작되면 더 이상 시골의 집에서 지내지 않는다. 그곳에서는 몸이 바짝 마비될 정도로 그리고 참을 수 없을 정도로 흙냄새가 나고 울타리 새싹 냄새가 나며, 한 걸음씩 걸음을 내딛을 때마다 이제 젊고 강한 사람은 움직이지만 늙고 병든 사람은 죽어 몸이 썩어가야 할 시간이 되었다는 것이 너무 분명해지고 심지어 몹시 잔인하게 들려오기 때문이다.

도시 안에 머물러 있으면 그것을 그리 격렬하게 느끼지는 않는다. 몇 군데 잿빛 얼음 속에 고여 있는 물, 공원에서 보이는 지빠귀 몇 마리, 바람 부는 하늘에 몇 군데 감도는 여린 푸른 색, 그것이 전부다.

(『도시의 삼월』 중에서, 1927년)

봄
(1907년)

온화한 삼월과 습한 사월
그것들이 옛 노래를 부른다.
내 마음은 무엇을 원하는지 결코 모른 채,
꿈꾸며 또 다시 시를 짓는다.
비너스의 동산에서 잃어버렸던 소리가
감미로운 전율로 나를 스쳐가고,
남풍이 불어오고, 지빠귀의 노래 소리가
푸르름 속에서 몹시도 불안하게 흩날린다.
고요해져라, 마음이여, 그것은 지나갔다.
너의 꿈이 사라지게 하여라!
너는 기쁨을 가져다주는 오월의 눈을
분명하게 들여다보아야 할 테니.

봄은 나이든 사람들에게는

봄은 나이든 사람들에게는 대개 기분 좋은 시기가 아니다. 남풍이 나무들을 뒤흔들고 오래 된 나무들마다 가지와 가지를 꺾지는 못하더라도 그것들을 스쳐 더듬어 가듯이, 봄은 나이 든 사람들이 얼마 안 가서 썩어 문드러지기라도 할 것처럼 그들을 흔들어댄다. 그런에도 불구하고 봄은 아름답다.

(『카를 클로터*에게 보낸 편지』 중에서, 1948년)

---

* 카를 클로터(Karl Kloter, 1911~2002): 스위스의 작가.

잎이 빨간 너도밤나무

잎이 빨간 젊은 너도밤나무가 한 그루 서 있었다,
내 첫 사랑을 내려다보며.
내가 나의 첫 노래를 생각해냈을 때,
그것은 내가 쓴 것을 바라보았다.

잎이 빨간 너도밤나무처럼
봄의 화려함 속에 그토록 도취되는 나무는 없다.
그처럼 다채로운 여름의 꿈을 갖는 나무도
그처럼 갑작스레 시드는 나무도 없다.

잎이 빨간 젊은 너도밤나무 한 그루가
나의 온갖 꿈속에 서 있었다.
지나간 오월의 바람이 나무들 가운데
내가 좋아하는 이 나무 주위에 불고 있다.

복숭아나무

 지난밤에 남풍이 강하고도 무자비하게 불어 닥쳤다. 그것은 참을성 있는 대지와 빈 들판과 정원, 그리고 말라 버린 포도덩굴과 여윈 숲 위로 불어 왔다. 나뭇가지와 나무둥치들이 휘어졌다. 바람은 장애물을 만날 때마다 쉬익쉬익 소리를 내며 울부짖었다. 무화과나무 마디마디에 부딪치고 말라 시들어버린 나뭇잎들을 구름처럼 높이 소용돌이쳐 허공으로 날렸다. 오늘 아침, 시달린 나뭇잎들은 깨끗이 쓸려 정원 구석구석마다 그리고 바람을 막아주는 담벼락 앞에 완전히 굴종하듯이 쌓여 있었다.
 내가 정원에 나가보니 불행한 일이 벌어져 있었다. 내 복숭아나무들 중에서 가장 큰 것이 밑동이 부러진 채 포도밭의 가파른 비탈 위에 쓰러져 있었다. 복숭아나무들은 별로 오래 사는 나무가 아니다. 키가 크게 자라 영웅처럼 당당해 보이는 나무도 아니다. 그것은 여려서 병에 잘 걸리고 상처받기 쉬운 나무다. 복숭아나무의 수액에는 어딘가 과잉보호를 받으며 자라난 귀족의 피가 흐르는 것 같다. 쓰러진 나무는 특별히 기품이 있거나 아름다운 나무는 아니었지만 내 복숭아나무들 중에서 가장 큰 것이었다. 오래 동안 알고 지내온 친구와 같았다. 사실 나보다 더 오래 이곳에 자리를 잡고 살아온 나무였다.

해마다 삼월 중순이 지나면 나무에는 꽃봉오리가 열리면서 분홍빛을 띤 거품 같은 왕관이 피어났다. 화창한 날에는 파란 하늘을 배경으로 하여 화사하게 빛났고, 비 오는 날이면 잿빛 하늘을 배경으로 더없이 부드럽게 두드러져 보였다. 그 복숭아나무는 아직 신선한 사월의 변덕스런 바람 속에서 흔들거렸으며, 그 주위로는 샛 노랑나비들이 황금빛 불꽃처럼 이리 저리 날아다녔다. 그 나무는 성난 남풍에도 꿋꿋이 버티어 서 있었고, 비가 오는 시기에는 축축하고 흐린 날들이 계속되는 가운데 마치 꿈을 꾸듯 조용히 서 있었다. 약간 몸을 구부린 채 그 발치의 포도밭 기슭에 난 풀들이 비가 내릴 때마다 더 초록빛이 짙어가고 더 윤기 나는 것을 내려다보았었다. 이따금 나는 그 복숭아나무에서 꽃이 핀 작은 가지를 한 개 꺾어 내 방으로 갖고 들어오기도 하였고, 어떤 때는 그 가지에 매달린 열매들이 무거워지기 시작하면 막대기를 대어 지탱해주기도 했다. 또 이곳에 처음 이사 와서 살던 몇 년 동안은 내빔하게도 꽃이 만발한 그 나무를 감히 그림으로 그리려고 시도한 적도 있었다. 그 복숭아나무는 봄, 여름, 가을, 겨울 내내 거기에 서 있었다. 조그마한 나의 세계 속에 자리를 잡고 그 안에 속해 있었다. 더위와 눈과 폭풍우와 고요함을 함께 겪었다. 그 나무에서 나는 소리는 노래가 되었으며, 그 울림은 그림에 덧붙여졌다. 나무는 점차 포도덩굴을 지탱하는 말뚝을 넘어서서 자라 올랐다. 그 나무에 여러 세대를 이어 지탱하여 살던 도마뱀, 나비, 새들보다 더 오래 살았다.

그 복숭아나무는 그다지 뛰어난 모습도 아니었고 또 별로 관심도 끌지 않았으나 없어서는 안 되는 것이었다. 복숭아가 익어갈 즈음이면 나는 매일 아침 정원의 작은 계단 길에서 잠시 옆으로 새어 그 나무한테 다가가곤 했었다. 밤새 떨어진 복숭아들을 축축한 풀밭에서 주워 호주머니에 넣기도 하고, 바구니나 모자에 담아서 집으로 가져와 테라스 난간에 널어놓아 햇볕에 말리기도 했다. 나의 오랜 지기이자 친구였던 그 복숭아나무가 서 있는 자리에는 이제 구덩이가 생겼다. 그 작은 세계는 균열이 간 것이다. 그 틈새로 공허함과 어둠, 죽음과 공포가 기웃거리며 들여다보았다. 부러진 나무 둥치는 서글프게 누워 있었고 무르고 좀 푸석푸석해 보였다. 나무가 쓰러질 때 가지들은 꺾여 부러지고 말았다. 두 주일만 있었더라도 그 가지들은 다시 분홍빛으로 봄의 화관을 피워 파

〈몬타뇰라에서〉

란 하늘이나 흐린 하늘을 배경으로 꿋꿋이 서 있었을 것이다. 나는 이제 그 나무의 가지나 열매를 다시는 꺾지 못하겠지. 그 독특하고 환상적인 나뭇가지들의 구조를 베껴 그릴 수도 없겠지. 다시는 무더운 여름날 계단 길을 내려가 그 나무에게로 다가가 잠시 동안 그 옅은 그늘 속에서 휴식을 취할 수도 없겠지. 나는 정원 일을 돌보는 로렌초를 불러 쓰러진 나무를 헛간으로 옮기라고 지시했다. 다음에 비가 내리는 날에 만약 다른 할 일이 없으면 그 나무는 땔감으로 패일 것이다.

나는 좀 우울한 기분으로 그 나무를 바라보았다. 아, 나무들도 역시 믿을 만한 것은 아니란 말인가! 나무들도 어느 날 갑자기 사라지거나 죽어버릴 수 있다니! 어느 날 갑자기 사람들을 홀로 놓아둔 채 커다란 어둠 너머로 사라져버릴 수도 있다니! 나는 나무 둥치를 잡고 힘들여 끌고 가는 로렌초의 뒤를 바라보았다.

잘 가거라. 내 소중하던 복숭아나무여! 하지만 너는 적어도 품위 있고 자연스럽게 온당한 죽음을 맞이하였으니 나는 너를 행복하다고 말할 수 있다. 너는 더 이상 견딜 수 없을 때까지 버텼으며, 거대한 적이 너의 가지들을 비틀 때까지도 반항했다. 결국 너는 굴복하고 쓰러져 뿌리가 뽑히고 말았다. 그래도 너는 공중 폭격을 받아 산산이 부서지지는 않았다. 악마처럼 독한 산(酸)으로 태워지지도 않았다. 수백만 명의 사람들처럼 고향 땅에서 뿌리가 뽑힌 채, 뿌리에서 피를 흘리며 고향을 상실하고 다시 낯선 땅에 임시로 심어졌다가 곧 다시 짐을 싸고 떠나 실향민이 되는 운명을 겪지는 않았다. 너는 네 주변에 일어나는 몰락, 파괴, 전쟁, 수치를 겪으면서 비참하게 죽어가지 않아도 되었다. 너는 너와 같은 나무들에게 일어나고 그것들에게 적합하게 주어지는 숙명을 맞이한 것이다. 그러므로 나는 네가 행복하다고 말하는 것이다. 너는 우리들보다 더 멋있고 아름답게 나이가 들어 기품 있게 죽어갔다.

그러나 우리 인간들은 나이가 들어서도 독으로 오염된 비참한 세상에 저항하지 않으면 안 된다. 주위에서 썩어가는 것들에 대항해 깨끗한 공기를 마시기 위해 매번 투쟁하지 않으면 안 되는 것이다.

쓰러져 누워있는 복숭아나무를 바라보면서, 나는 그런 손실을 당할 때 늘 그렇듯 다른 새로운 것으로 대체할 생각을 했다. 새로 나무를 심어야겠다는 생각이었다. 쓰러진 나무가 서 있던 자리에 먼저 구덩이를 판 다음, 얼마 동안 대기 속에 비와 햇빛을 받도록 놔둘 것이다. 어느 정도 시간이 지나면 우리는 거름, 썩은 잡초 더미, 나무

태운 재를 섞은 비료를 줄 것이다. 그런 다음 어느 날, 될 수 있으면 따스하고 온화한 날을 잡아 새로 어린 묘목을 심을 것이다. 이곳의 땅과 공기를 그 어린 묘목도 그럭저럭 좋아하게 될 것이고 포도밭과 꽃들, 도마뱀, 새들 그리고 나비들과 좋은 친구이자 이웃이 될 것이다. 몇 년이 지나면 열매도 맺겠지. 해마다 봄이 되면 삼월 중순부터 삼월 말까지 사랑스러운 꽃을 활짝 피우겠지. 그리고 운명이 원하면, 그 나무도 언젠가는 늙고 힘에 겨워 폭풍이 몰아치거나 산사태가 일어나거나 폭설이 내리면 희생되고 말겠지.

그러나 나는 이번만큼은 새로 복숭아나무를 심겠다는 결심을 할 수 없었다. 나는 살아오는 동안 꽤 많은 나무들을 심었으니 한 그루 덜 심는다고 해도 문제가 되지 않을 것이다. 더구나 내 안에서 무언가가 그 일을 거부하고 있었다. 지금 여기서 또 다시 삶의 순환을 새롭게 하고 삶의 바퀴를 다시 돌리는 일을 거부하며, 탐욕스런 죽음에게 새로이 희생물을 키워 바치는 일을 거부하고 있었다. 나는 그렇게 하고 싶지 않았다. 그 자리는 비어 두어야 한다.

(1945년)

잘려나간 한 그루의 나무

한 그루의 나무는 위가 잘려나가면 지면의 뿌리 근처에서 새로이 싹을 피우는 것이 보통이다. 그와 마찬가지로 청춘 시절에 시달리고 망쳐진 영혼도 그 시초의 풍부한 예감을 지녔던 어린 날의 봄 같은 시절로 돌아가곤 한다. 마치 거기에서 새로운 희망을 발견하고 잘라진 생명의 끈을 새로이 이을 수 있는 것처럼. 뿌리 가까이에서 자란 싹은 수액이 오르면서 빠르게 성장해가지만 그것은 겉모양의 생명에 지나지 않는다. 거기에서 다시는 제대로 된 나무가 생겨나지 못하는 것이다.

(『수레바퀴 밑에서』 중에서, 1905~1906년)

짧게 잘린 너도밤나무

어떻게 그들이 너를, 나무를 잘라버렸는가.
너는 얼마나 낯설고 이상한 모습으로 서 있는가!
어떻게 너는 수 백 번이나 그런 일을 겪어야만 했는가,
네 안에 저항과 의지 밖에는 아무 것도 남지 않을 때까지!
나도 너처럼 잘라져 나간
고통 받은 삶 때문에 부러지지는 않았다,
그리고 매일 같이 겪어낸 거친 것들로부터
빛 속으로 새로이 이마를 담근다.
내 안에서 부드럽고 온유해진 것들을
세상은 처절하게 조롱했다.
그러나 내 존재는 파괴될 수 없으니,
나는 만족하고 화해했으며,
인내를 갖고 새로운 잎을 피운다,
수 백 번 잡아 찢겼던 가지들에서.
그리고 온갖 고통에도 불구하고 나는
마침내 세상과 사랑에 빠졌다.

위대한 자연의 시

 나는 알다시피 좀더 위대한 시를 써서 오늘날의 사람들에게 자연의 관대하고 침묵하는 삶을 친근하게 알리고 애착을 갖도록 해주고 싶은 바람이 있었다. 나는 그들에게 이 땅의 심장이 뛰는 소리에 귀를 기울이고 전체의 삶에 참여하도록 가르쳐 주고 싶었다. 그리고 그들이 겪는 사소한 운명의 절박함 속에서 우리는 신들이 아니며 우리들 스스로 우리를 창조해낸 것이 아니라 땅과 우주 전체의 소산이자 부분임을 잊지 말라는 것을. 나는 시인들의 노래처럼, 우리가 밤에 꾸는 꿈처럼 강물도, 바다도, 흘러가는 구름도, 폭풍도 동경의 상징이자 전달자라는 것을 상기시키고 싶었다. 동경은 다름 아니라 하늘과 땅 사이에서 날개를 활짝 펼치면서 시민의 권리와 모든 살아 있는 것의 불멸성에 대해 의심할 수 없는 확신을 가지려는 목적인 것이다. 모든 존재의 가장 내밀한 핵심은 이 권리를 확신하면서 신의 자녀로서 두려움 없이 영원의 품 안에 머물고 있다. 그러나 우리 안에 들어 있는 온갖 나쁜 것, 병든 것, 타락한 것은 이에 반하면서 죽음을 믿고 있는 것이다.

   그러나 또 사람들에게 자연에 대한 형제애 같은 사랑 속에서 기쁨의 원천과 생명의 흐름을 발견하도록 가르쳐 주고 싶었다. 나는 바라보고 방랑하는 기술, 향유하는 기술, 현재에 대한 즐거움을 설교하고 싶었다. 산맥과 바다, 푸른 섬들에 대해 유혹적이고 강력한 언어로 그대들에게 말해주고 싶었다. 그대들이 사는 집과 도시 바깥에 매일같이 얼마나 다양한 생명들이 꽃을 피우면서 넘쳐나는지 보라고 설득하고 싶었다. 그대들이 사는 도시 앞에서 분방하게 움직이며 펼쳐지는 봄에 대해서보다, 그대들이 걸어 다니는 다리 밑으로 흘러가는 강물에 대해서보다, 그대들을 태운 기차가 달려 지나가는 숲과 멋진 초원들에 대해서보다 외국에서 벌어지는 전쟁과 유행, 소문, 문학, 예술 따위에 대해 그대들이 더 많이 알고 있는 것에 대해 부끄러워하도록 만들고 싶었다. 나처럼 고독하고 힘들게 살아가는 사람이 이 세상에서 어떤 잊지 못할 황금 같은 일련의 즐거움들을 발견했는지 그대들에게 설명하고 싶었다. 그리고 어쩌면 나보다 더 행복하고 더 즐거운 그대들이 더 큰 기쁨으로 이 세상을 발견하게 하고 싶었다.

(『페터 카멘친트』중에서, 1904년)

나는 이미 어려서부터

 나는 이미 어려서부터 자연의 기괴한 형태들을 바라다보는 습성이 있었다. 그것은 관찰하는 것이 아니라, 자연 특유의 마법과 그것의 불분명하고 깊은 언어에 몰두하는 것이었다. 길고 속이 뻣뻣해진 나무뿌리들, 암석에 색채가 있는 무늬, 물 위에 떠 있는 기름 자국, 유리에 난 균열 — 그런 비슷한 것들은 모두 이따금 나에게는 커다란 매력으로 여겨졌다. 특히 물과 불, 연기, 구름, 먼지, 그리고 내가 눈을 감으면 보이는 빙빙 돌아가는 빛깔의 얼룩들이 그랬다. 내가 피스토리우스의 집을 처음으로 방문한 후 며칠 동안 이런 일이 다시 내 머릿속에 떠오르기 시작했다. 왜냐하면 나는 그 후로 어느 정도 강해지고 즐거워진 느낌, 그리고 내 감정이 고조되는 것을 느꼈는데 그것이 오로지 그 타오르던 불을 오래 응시한 덕택이라는 것을 알았기 때문이다. 불을 응시하는 일은 이상하게도 기분을 좋아지게 하고 마음을 풍요롭게 해주는 것이었다!

 내가 지금까지 내가 본래 갖고 있던 인생의 목표로 가

〈목련꽃〉

는 길에서 발견한 몇 가지 경험에 새로운 경험이 추가되었다. 즉, 그러한 형상들을 관찰하고 비합리적이고 구불구불 불분명하고 진기한 자연의 형태들에 몰입하는 일은 우리들 자신의 마음이 이러한 여러 형상들을 만들어내는 의지와 일치하고 있다는 느낌을 우리 안에 생겨나게 한다. ─ 그러면 이윽고 우리는 그런 형상들이 우리들 자신의 기분이며 우리들 자신이 창조한 거라고 생각하고 싶은 유혹을 느낀다. 우리는 우리와 자연 사이의 경계가 흔들리고 풀어져 버리는 것을 보며, 또 우리의 망막에 나타나는 형상들이 외부로부터 받은 인상(印象)에서 온 것인지 아니면 내부의 인상에서 온 것인지 알 수 없는 기분을 느낀다.

우리가 어느 정도의 창조자이며, 우리의 영혼이 세계의 부단한 창조에 어느 정도 참여하고 있는지를 발견하는 데는 이런 연습에서처럼 간단하고 쉽게 발견할 수 있는 방법은 또 없다. 오히려 어쩌면 우리의 내면에서 활동하고 있는 신과 자연 속에서 활동하고 있는 신은 바로 이 나눠지지 않은 동일한 신성(神性)일 것이다. 그리고 만약 외부의 세계가 무너진다면 우리들 중의 누군가가 그것을 재건할 수 있을 것이다. 산이나 강, 나무, 잎사귀, 뿌리, 꽃 같은 자연 속에 있는 모든 형상들은 우리들의 내면에서 미리 그 원형이 만들어져 있고, 그 본질은 영원하지만 우리가 그것을 알지 못하는 영혼에서 유래하는 것이기 때문이다. 그러나 그 본질은 대개는 사랑의 힘과 창조력으로 우리에게 느껴진다.

(『데미안』 중에서, 1917년)

나는 봄에 대한 시에 열중했다

며칠 전부터 나는 봄에 대한 시에 열중했다. 아니 오히려, 수지가 풍부한 어린 대나무 싹의 냄새와 그것이 젊은 사람이나 나이든 사람들에게 여러 가지로 기묘하게 미치는 영향에 대해 열중한 셈이다. 그리고 이 대나무 싹에 대한 것을 언젠가 사람들 마음에 들게 표현하는 일이 비록 어렵고 거의 불가능해 보이더라도, 나는 내 손으로 하는 일을 게을리 해서 내 인생의 과제를 흐지부지하는 사람이 되고 싶지는 않았다.

(『예정에 없던 수영을 하다』 중에서, 1928)

눈부시게 아름다운 오월에

모든 싹들이 솟아 난
눈부시게 아름다운 오월의
바로 첫날 비가 내리기 시작했다.

모든 사람들이 축복하는
눈부시게 아름다운 오월의
삼십일일까지 비가 그치지 않고 내렸다.

봄에 관한 작문

선생님은 언젠가 반 아이들에 봄에 관해 작문을 하나씩 쓰라고 하고 그 중 몇 편은 그것들 쓴 학생들에게 낭독하도록 시켰다. 그러자 열 두 살짜리 학생들 가운데 몇 명은 처음으로 수줍어하면서 창조적인 상상력의 나라로 떠났다. 그리고 일찍이 책을 읽어두었던 아이들은 유행하는 시인들이 봄에 대해 묘사한 부분 가운데 감동받은 대목을 모방해서 자신들의 작문을 꾸몄다. 거기에는 지빠귀 울음소리와 오월의 축제에 대한 이야기가 들어있기도 했고, 특히 책을 많이 읽은 학생은 '나이팅게일'이라는 새의 이름까지 인용했다. 그러나 이 모든 아름다운 묘사들도 그것을 듣고 있던 에밀을 감동시키지는 못했다. 그는 그런 것들이 모두 다 어리석고 무의미한 짓 같아 보였다. 그 때, 선생님이 부르자 찻집 주인 아들인 프란츠 렘피스가 그의 작문을 낭독할 차례가 되었다. 그는 처음 몇 마디를 다음과 같이 읊었다.

"봄은 어쨌든 아주 기분 좋은 계절로 불릴 자격이 있다는 것은 이의의 여지가 없다."— 그 말에 에밀 콜프는 귀가 황홀해지면서 자신과 비슷한 영혼이 내는 소리를 알아차리고 동의하는 듯 그가 읽는 말 한 마디도 놓치지 않으려고 바짝 귀를 기울였다. 이것은 주간지가 도시와 시골에 대해 기사를 쓸 때 사용하곤 하던 문체였고, 에밀 자신이 어느 정도 확신을 갖고 사용할 줄 아는 문체였다.

(『에밀 콜프』 중에서, 1910년)

봄은 가장 아름다운 계절

사실 봄이 연중 가장 아름다운 계절이라는 말은 매번 되풀이해 듣곤 한다. 그러나 봄에 있어서 가장 아름다운 것은 바로 여름을 기다리는 즐거움이다.

(『여름으로 가는 길목에』 중에서, 1905년)

이 책에 수록된 헤르만 헤세 수채화

표지, 168쪽 〈목련꽃〉(1928. 5)
10쪽 〈봄〉(1924. 2)
21쪽 〈봄의 산〉(1926. 4)
31쪽 〈카사 카무치〉(1923. 6)
53쪽 〈4월에 핀 과일나무〉(1925. 4)
71쪽 〈로카르노〉(1926. 6)
87쪽 〈설산 앞 하얀 집〉(1928. 5)
109쪽 〈카발리노 너머의 푸게르나〉(1923. 6)
121쪽 〈남쪽에서〉(1923. 6)
159쪽 〈몬타뇰라에서〉(1929. 8)

옮긴이의 말

헤르만 헤세의 삶과 작품

 독일이 낳은 20세기의 대문호이며 시인이자 노벨상 수상 작가인 헤르만 헤세(Hermann Hesse)는 우리에게 많이 알려져 있고 실제로 우리나라에서 가장 많이 읽히는 독일 작가이기도 하다. 또 그는 독일 작가이면서도 가장 비독일적인 특성을 보여주는 작가이기도 한데, 그 이유는 여러 특성을 동시에 지니고 있기 때문이다.

 그는 한편으로는 '독일의 내면성'을 그의 소설들 속에서 가장 잘 표현하고 있어 독일 최후의 낭만주의자로 간주되는가 하면, 또 한편으로는 동양 정신을 많이 알고 거기에 동조해온 작가이며 일반 독일인의 눈으로 볼 때는 아웃사이더이자 비정치적인 작가이기도 했다. 그의 작품들은 전체적으로 그의 자화상이라 할 수 있으니, 여러 편의 소설과 특히 많은 시와 수필을 썼지만 그 어떤 작품도 자신의 체험과 관찰을 토대로 하지 않은 것은 거의 없었다.

헤세는 1877년 7월 2일 독일 남부의 울창한 숲인 슈바르츠발트(흑림)가 있는 슈바벤(Schwaben) 지방의 작은 도시 칼브(Calw)에서 태어났다. 작은 계곡이 있고 자연 경관이 매우 아름다운 이곳은 헤세를 어려서부터 자연 속으로 이끌면서 그의 가슴속에 깊이 자리 잡았다. 그곳의 자연은 유년 시절부터 그에게 꿈과 예리한 관찰력, 그리고 인간과 자연의 근원에 대해 사색하도록 해주었다. 특히 이곳을 소재로 하여 자연과 청춘을 다룬 그의 초기 작품들은 젊은 세대에게 큰 인기를 끌었다. 그리고 훗날 나이가 들어서는 보통 밀짚모자를 쓰고 뜨거운 햇볕이 쪼이는 남쪽 지방을 홀로 배회하면서 소박한 농부나 정원사가 되어, 구름과 안개와 햇빛, 산과 호수와 같은 자연을 끔찍이 사랑하면서 시와 산문을 많이 쓴 서정적인 작가가 되었다.

유년 시절의 헤르만 헤세는 상상력이 풍부했으며 음악을 좋아하고 풀, 나무, 시냇물 등 자연에 애착을 가졌으나 아주 고집이 세고 반항심도 있었다. 그는 부모를 따라 1881년부터 스위스의 바젤(Basel)로 가서 살다가 1886년에 다시 칼브로 돌아왔다. 이처럼 어릴 적부터 독일과 스위스를 넘나들며 살았던 그는 결국 훗날 독일을 떠나 그리 어렵지 않게 스위스에 정착하게 된다. 칼브에 돌아온 후에 헤세의 어머니는 그를 열세 살 때인 1891년 가을에 신학자로 키우기 위해서 마울브론(Maulbronn) 신학교에 보냈다. 그러나 헤세는 열네 살 때인 1892년 3월 어느 날 갑자기 신학교를 탈출했으며, 그 후 다시 학교로 돌아갔으나 정신적으로나 육체적으로 이미 학업을 감당할 수 없을 정도로 지쳐 있어서 신학교를 포기했다. 다시 공부하려는 생각으로 1892년 11월에 칸슈타트(Cannstatt)의 김나지움에 1년간 다녔지만 역시 그곳의 주입식 교육과 규율, 속박을 견디지 못하고 결국 다시 그만두면서 그의 학교 교육은 끝이 났다.

짧은 학창 생활, 특히 마울브론 신학교 생활은 그로 하여금 학교 교육에 대해 몹시 부정적인 생각을 갖게 했다. 근본적으로는 자기주장이 강했던 그는 남보다 일찍 자기만의 길을 찾아가려고 갈구했는데, 그것은 바로 시인이 되려는 것이었다. 그는 훗날 쓴 〈요약한 이력서(Kurzgefaßter Lebenslauf)〉(1925)에서 "내가 열세 살이 되던 해부터 한 가지 사실이 분명해졌다. 그것은 내가 시인이 되든가 그렇지 않으면 아무것도 되고 싶지 않다는 사실이었다."라고 밝혔다. 헤세는 마울브론 신학교에 만족하지 못하고 또 학업을 중단하고 말았지만, 그때의 체험을 나중에 그의 소설 『수레바퀴 밑에서(Unterm Rad)』(1906)에서 아주 잘 묘사하였다. 고향 칼브로 되돌아온 헤세는 그 일에도 만족하지 못해 얼마 후 그 도시에 있는 페로(Perrot) 탑시계 공장에 견습생으로 들어갔으나 약 일 년 동안 일하다가 그만 두고 열아홉 살 때 튀빙겐(Tübingen) 시로 가서 서점 점원이 되었다. 거기에서 그는 틈나는 대로 독서할 기회를 얻어 많은 책을 읽었고 자유롭게 마음껏 사색하면서 동양의 문화와 종교에 대한 관심을 가졌다. 헤세의 외가 사람들과 어머니는 이미 인도에서 선교를 하면서 기독교뿐만 아니라 불교와 노자에도 관심을 가졌기에 그 영향으로 헤세도 자연스럽게 여러 나라의 문화와 사상을 접할 수 있었다.

그 후 그는 틈나는 대로 습작을 하여 스물두 살 때 처녀 시집 『낭만적인 노래(Romantische Lieder)』(1898)를 자비로 출판했으나 호응을 얻지 못하다가, 후에 산문집 『자정 뒤의 한 시간(Eine Stunde hinter Mitternacht)』(1899)을 출간하였다. 1901년에 첫 번째 이탈리아 여행(피렌체, 제노바, 피사, 베네치아 등)을 하고 8월부터 바젤의 바텐빌 고서점에서 서적 판매원으로 근무했다. 그 해 가을에 『헤르만 라우셔의 유작(遺作)과 시(Hinterlassene Schriften und Gedichte von Hermann Lauscher)』를 발표했고, 1902년에는 어머니에게 헌정하는 『시집(Gedichte)』을 발표하였다. 이 윽고 스물일곱 살 때인 1904년에 『페터 카멘친트(Peter Camenzind)』를 출판하여 큰 명성을 얻고 본격적으로 작가 생활을 하게 되었다. 풍부한 자연 감정과 서정으로 채색된 이 소설은 시민적이고 우수(憂愁)에 찬 감정을 바탕으로 하는 자전적 소설로, 처음으로 작가로서 그의 이름을 알린 출세작이 되었다. 그 해 그는 이탈리아 여행 중에 알게 된 자유 사진작가이자 피아니스트인 마리아 베르누이(Maria Bernoulli)와 결혼하여 독일 남서부의 보덴(Boden) 호수 근교의 작은 마을 가이엔호펜(Gaienhofen)으로 이주했다. 그녀는 그보다 아홉 살이나 연상이었다.

헤세는 자유 작가로 생활하면서 한편으로 여러 신문과 잡지에 기고도 하고, 그의 주요 장편소설인 『수레바퀴 밑에서』(1906)와 음악가를 소재로 한 소설 『게르트루트(Gertrud)』(1910)를 발표했다. 『수레바퀴 밑에서』는 작가 자신이 신학교 시절에 겪은 괴로운 체험이 반영되어 있는 소설로 규율과 전통에 매인 고루한 시민 사회와 싹터 오르는 소년들의 자유분방함과 창조적인 재능을 짓밟고 의무만 강요하는 비인간적인 교육제도를 비판하였다. 가이엔호펜에서 작품 집필에 열중하던 헤세는 자유분방한 기질이 다시 발동하여 이 생활에 싫증을 느꼈다. 부인

과도 불화가 생기자 그는 1911년 서른네 살에 인도 여행을 떠나기로 결심하고 실론(인도 남쪽의 작은 섬), 수마트라 등지를 방문했으나, 당시 유럽의 식민지로 전락한 동양은 그가 상상하던 것과는 거리가 멀었으므로 이에 환멸을 느낀 그는 곧 귀국해버렸다. 귀국 후인 1912년에는 독일을 떠나 스위스 베른(Bern)에 거처를 정하고 다시 작품 집필에 몰두했다. 그리고 1913년에 동방여행기 『인도에서(Aus Indien)』를 출간하였다. 이후에 그는 연속해서 화가 부부의 파국을 다룬 소설 『로스할데(Rosshalde)』(1914), 신작 시집 『고독자의 음악(Musik des Einsamen)』(1915), 그리고 세 개의 단편으로 이루어진 서정적 단편집 『크눌프(Knulp)』(1915) 및 『청춘은 아름다워라(Schön ist die Jugend)』(1916) 등 청춘문학의 명작들을 발표했다. 특히 『크눌프』에서는 고독한 방랑자의 모습을 빌어 자유와 자연을 사랑하면서 생에 충실하다가 병에 걸리는 주인공이 등장한다. 마지막에는 입원해 있던 병원에서 뛰쳐나와 눈 덮인 산길을 헤매다 피를 토하면서 쓰러진 주인공은 그곳에서 죽어가면서 결국 자연과 신과 세계와 자기의 생과 화해하고 만족한 표정으로 눈을 감는다.

1914년에 제1차 세계대전이 발발하자 헤세는 포로가 된 독일병을 위문하기 위해 자진해서 문고와 신문을 편집하는 등 헌신적으로 일하면서 또 한편으로 반전(反戰) 운동을 벌이기 시작했다. 이에 본국 독일로부터 배신자로 낙인 찍혀 탄압을 받았다. 결국 전시 봉사로 육체적·심적 과로에 지친 그는 부친도 사망하고, 아내의 정신병이 악화된 데다 막내아들 마르틴이 병에 걸리는 등 집안에도 여러 어려운 일이 겹치면서 극도로 신경이 쇠약해졌다. 이에 헤세는 1916년 봄부터 한 달 정도 스위스의 유명한 분석심리학자인 칼 구스타프 융(Carl Gustav Jung)의 제자인 요제프 랑(Josef Bernhard Lang) 박사를 찾아가 심리분석 요법으로 개인적인 치료를 받았다. 심층심리학에 대한 이야기를 나누었고, 또 스스로 그 이론을 연구하여 이를 그의 나중에 그의 대표작이 된 소설 『데미안(Demian)』(1919)에 반영하며 쓰기 시작했다. 그리고 융의 꿈 이론의 영향을 받은 헤세는 또 자신의 꿈속에서 '막스 데미안'이라는 인물을 만나 그를 구체적으로 형상화하면서 소설을 썼다. 세계대전으로 서구 정신과 사상의 한계와 몰락을 체험한 헤세는, 그동안 서구를 지켜왔던 기독교적인 사상과 그 윤리만으로는 부족함을 깨닫고 이때부터 서구 사상의 독단에서 벗어나 다른 해결의 길을 모색하다. 그것이 바로 '내면으로의 길'이며 헤세는 이 과정을 융의 정신분석 이론이 보여준 동양 사상과의 접목을 통해서 찾아가게 된다.

제1차 세계대전이 막바지에 이른 무렵인 1917년, 헤세는 안팎의 동요가 격심하던 시기에 조국 독일이 아닌 스위스 베른에서 살았다. 거기서 자신이 시련과 고뇌 속에서 깨달은 내면으로의 길을 가기 위해 창작에만 열중하여 9월과 10월 두 달 동안 집중해서 소설 『데미안』을 집필하여 전쟁이 끝난 후에 '에밀 싱클레어'란 익명으로 발표했다. 자기 탐구의 길을 개척한 이 작품에서는 주인공이 이를 극복하고 청년으로 성장해가는 모습을 그리고 있다. 이 소설은 제1차 세계대전 직후 패전으로 말미암아 혼란에 빠져 있던 독일의 청년들에게 깊은 감명을 주었으며 문학계에도 큰 반향을 불러일으켰다. 헤세는 당시 전후에 정신적·육체적으로 피폐해진 나머지 나아갈 방향을 잃고 혼란스러워하는 독일 젊은이들에게 주인공 데미안을 통해 형상적으로 삶의 방법을 제시하려고 했다.

1919년에는 단편소설집 『작은 정원(Kleiner Garten)』과 『동화집(Märchen)』을 출간하였다. 그는 아내와 아이들을 두고 베른에서 테신(Tessin) 주(州)의 몬타뇰라(Montagnola)로 혼자 이주하여 카사 카무치(Casa Camuzzi) 별장에서 살기 시작하면서, 1920년에 단편집 『클링조어의 마지막 여름(Klingsors letzter Sommer)』을 출판하고 수채화를 곁들인 여행소설 『방랑(Wanderung)』을 발표하였다. 1921년에는 『시 선집(Ausgewählte Gedichte)』을 출간하고 또 『테신에서 그린 수채화 11편(Elf Aquarelle aus dem Tessin)』을 발표하였다. 뒤이어 나온 소설 『싯다르타(Siddhartha)』(1922)에서는 한 걸음 더 나아가 인도의 불교 세계에서 자아의 절대 경지를 탐구하는 과정을 그리고자 했다. 『싯다르타』는 헤르만 헤세가 초기의 몽상적 경향을 탈피하고 소설의 무대를 본격적으로 동양으로 옮겨 내면의 길을 탐색한 작품이다. 이처럼 헤세는 여느 독일 작가와는 다르게 동양과 서양을 서로 배격하지 않고 하나로 보면서 그 안에서 적극적으로 해답을 찾으려 한 작가였으므로 우리 같은 동양의 독자들에게서 많은 공감을 사고 있는 것이다.

헤세는 1923년에 영원히 스위스 국적을 얻은 후에 아내와 이혼하자마자 스위스 여성과 결혼했으나 얼마 안 가 또 헤어지면서 정신적·육체적으로 매우 힘든 시간을 보냈다. 그는 여전히 자신의 내면에서 겪고 있던 고통과 좌절에 대한 감정을 소설 『황야의 이리(Der Steppenwolf)』(1927)에서 묘사했다. 이어서 신학자로서 지성의 세계에 사는 나르치스와 여성을 알고 애욕에 눈이 어두워져 방황하는 골드문트의 우정의 과정을 다룬 『나르치스와 골드문트(Narziß und Goldmund)』(1930)를 출판했는데, 이 소설은 헤르만 헤세에게 다시 한 번 큰 명성을 가져다주었다. 1931년에 그는 만년의 대작이 되는 장편소설『유리알 유희(Das Glasperlenspiel)』의 집필을 시작하였다. 그리고 체로노비츠 출신의 니논 돌빈(Ninon Dolbin, 1895~1966)과 세 번째 결혼을 했고, 화가 친구인 한스 C. 보드머(Hans Bjodmer)가 지어 평생토록 살게 해준 몬타뇰라의 새 집으로 그녀와 함께 이사하였다. 그는 1932년에는 『동방순례(Die Morgenlandfahrt)』를 출간했고, 1933년에 단편집『작은 세계(Kleine Welt)』를 발표하였다. 특히 몬타뇰라(Montagnola)의 새집에서 산 이후에는 많은 시들을 썼는데, 1934년에 시선집『생명의 나무에 대하여(Vom Baum des Lebens)』를, 1936년에는 전원시집『정원에서 보낸 시간들(Stunden im Garten)』을 발표하였다. 그리고 1937년에는『회고록(Gedenkblätter)』과『신 시집(Neue Gedichte)』을 발표하였다. 독일에서 나치스 정권이 집권한 이후부터는 그 탄압으로 독일 내에서 헤세의 작품들이 몰수되고 출판이 금지되었으므로 그의 작품들은 스위스 취리히에서 출판되었다. 1943년에 만년의 대작인『유리알 유희』가 취리히에서 출간되었다. 20세기의 문명 비판서라 할 수 있는 이 소설로 헤세는 작가로서의 명성을 확고하게 다졌다. 1944년에는 독일 비밀경찰이 헤세 작품을 독일에서 출판하던 출판업자 페터 주어캄프(Peter Suhrkamp)를 체포하였다. 그러나 헤세는 이에 굴하지 않고 이듬해인 1945년에 단편들과 동화 모음집인 『꿈의 여행(Traumfährte)』이 취리히에서 출간하였다. 독일이 제1차, 제2차 세계대전을 치르던 가장 어려운 시기에 작품활동을 한 헤세는 양면적 고뇌를 겪으면서 독일의 상황에서 벗어나 자연에 침잠하여 조화와 이상을 추구했다. 깊은 통찰력과 감미로운 서정적인 필치로 그는 전쟁에 의해 몰락해 가던 독일과 유럽 문명에 동양 세계와 자연 세계로의 접근을 통해 새로운 희망과 생명을 부여하려고 끊임없이 노력했던 작가였다.

제2차 세계대전이 끝나자 1946년부터 헤세는 다시 독일에서 책이 출판되었고, 독일 프랑크푸르트(Frankfurt) 시(市)가 주는 괴테 문학상을 수상했으며 이해 11월 14일에는 노벨문학상을 수상하였다. 이후에도 그는 작품활동을 계속해 1951년에는 『후기 산문집(Späte Prosa)』과 『서간집(Briefe)』을 발표하였고, 계속 알프스 산간 마을 몬타뇰라에 칩거하여 스스로 경작하고 영원한 은둔주의자와 방랑자로 살면서 저워시 등 많은 작품을 계속해서 썼다. 그리고 나이가 들어가면서 점점 더 서정적으로 변하여 챙이 큰 둥근 밀짚모자를 쓰고 호미와 바구니를 든 소박한 정원사, 또는 흰 구름과 안개와 저녁노을, 산과 호수를 좋아했던 시인, 그리고 동양의 정신을 이해하고 거기에 심취했던 인물로서 세계 어느 작가보다도 우리에게 친숙하고 잘 알려진 작가가 되었다. 이처럼 서정성이 짙은 작가이면서도 또 한편으로 문명에 찌든 독일인들에게 낯설면서도 동경을 불러일으키는 동양적인 세계를 묘사하여 독일의 많은 청소년들에게 여행과 방랑과 모험, 자연에 대한 향수를 일으켰던 그의 작품들은 많은 독일인들뿐만 아니라 우리 같은 동양인들에게도 끊임없이 읽히고 사랑을 받아왔다.

헤세는 마침내 여든다섯 살이 된 1962년에 몬타뇰라의 명예시민이 되었으나, 그해 8월 9일 뇌출혈로 몬타뇰라에서 아침에 세상을 떠나 이틀 후에 성 아본디오(St. Abbondio) 교회 묘지에 안장되었다. 아내 니논 헤세는 12월 8일에 베른에 있는 스위스국립도서관을 방문하여 헤르만 헤세의 유고집을 그곳에 보관하기 위한 의논을 하였다. 헤세는 사후에도 작가로서의 명성을 계속 유지하였으며 특히 1970년대부터 그의 인기는 오늘날 독일을 넘어서서 전 세계로 퍼져 나가 오늘날까지 계속되고 있다.

이번에 출간하게 된 헤세의 시집이자 산문집인『봄』,

『여름』,『가을』,『겨울』은 위에서 소개한 헤세의 여러 시집과 산문집, 소설 등에서 각각의 계절과 관련되고 그의 자연관을 잘 표현해 주는 내용들을 선정하여 엮는 것이다. 헤세는 스위스의 산골 마을에서 생활하는 동안 작품을 쓰고 정원을 가꾸고 하는 일 외에도 취미와 심리적 병 치료를 위해 많은 수채화를 그렸는데, 그 작품들 가운데 일부도 여기에 함께 실었다. 우리는 앞서 헤세의 삶과 작품들에 대해 간략하게 살펴보았듯이, 그의 삶이 결코 평탄하지 않았으며 평생 현실과 이상 사이에서 갈등을 겪고 많은 고통을 겪었다는 것을 알 수 있다. 그럼에도 불구하고 그는 '자연'을 잊지 않고 고난에 처할 때마다 자연으로 돌아가서 거기에서 해답을 찾으려고 끊임없이 노력한 덕분에, 결국 마음과 몸의 병을 치유하고 자연 속에서 평화를 느끼면서 살고 또 작가로서도 성공을 거둘 수 있었다. 우리는 여기에 실린 그의 잔잔하고 포근한 시와 산문들을 읽으면서 헤세의 인생관과 자연관, 예술관, 그리고 인품을 충분히 느낄 수 있을 것이다. 그리고 그가 우리에게 전달하려고 애썼듯이, 우리가 삶 속에서 느끼는 모든 고통과 절망은 결국 자연을 바라보고 이해하고 거기에 우리의 마음을 두었을 때, 우리의 삶에 대한 해답을 찾게 되고 고통을 벗어나 의연해지고 평화로워질 수 있다는 것을 알게 될 것이다.

이제 독자분들께서는 마음의 여유를 갖고 헤세의 시와 산문집 『봄』을 시작으로 『여름』, 『가을』, 『겨울』을 차례로 읽으면서 헤세가 절묘하게 묘사한 각 계절의 느낌을 함께 느껴갈 수 있기를 바란다.

2017년 봄, 두행숙

Hermann Hesse

Frühling

헤르만 헤세, 봄

지은이 | 헤르만 헤세
옮긴이 | 두행숙

펴낸곳 | 마인드큐브
펴낸이 | 이상용
책임편집 | 홍원규

출판등록 | 제2018-000063호
이메일 | viewpoint300@naver.com
전화 | 031-945-8046
팩스 | 031-945-8047

초판 1쇄 발행 | 2017년 5월 31일
개정판 1쇄 발행 | 2025년 4월 14일

ISBN | 979-11-88434-88-6 (03850)

※잘못 만들어진 책은 바꾸어드립니다.
※이 책은 저작권법에 따라 보호받는 저작물이므로 무단전재와 무단복제를 금합니다.
※이 책의 일부 또는 전부를 이용하려면 반드시 역자와 마인드큐브의 동의를 받아야 합니다.